AL ACECHO DEL PÉNDULO ERRANTE

Al acecho del péndulo errante

Sobre la mecánica de la consciencia

ITZHAK BENTOV

Traducción por Franklin Hurtado

Inner Traditions en Español
Rochester, Vermont

Inner Traditions en Español
One Park Street
Rochester, Vermont 05767
www.InnerTraditions.com

Inner Traditions en Español es un sello de Inner Traditions International

Título original: *Stalking the Wild Pendulum: On the Mechanics of Consciousness*, publicado por Destiny Books, un sello de Inner Traditions International.

ISBN 979-8-88850-207-5 (impreso)
ISBN 979-8-88850-208-2 (libro electrónico)

Impreso y encuadernado en los Estados Unidos

10 9 8 7 6 5 4 3 2

Maquetación en español por Kira Kariakin
Este libro fue tipografiado en Garamond Premier Pro, y las ilustraciones en Gill Sans MT Pro y Lint McCree Intl BB

Para enviar correspondencia sobre este libro, dirigirse a la atención de Inner Traditions • Bear & Company, One Park Street, Rochester, VT 05767, USA.

AGRADECIMIENTOS

Durante la redacción de este libro consulté con muchas personas, en su mayoría científicos especialistas en sus respectivas áreas, para verificar los detalles de mis ideas. Este hecho no implica en modo alguno que todos ellos estén de acuerdo con el material aquí presentado.

En primer lugar, quiero expresar mi gratitud al profesor Mael Melvin, físico de la Universidad de Temple, por revisar el manuscrito y corregir mi física, que cojeaba en algunos puntos al profesor William W. Tiller, del Departamento de Ciencias de Materiales de la Universidad de Stanford, por nuestras largas discusiones sobre la naturaleza del universo y por haber escrito un prefacio para este libro; y a Tom Etter, físico de la Universidad de Minnesota, por nuestras discusiones sobre los estados precuánticos.

Muchas gracias a todos mis amigo que me insistieron para que escribiera este libro, empezando por Lee Sannella, M. D., que organizó la primera presentación pública de estas ideas, a Richard Ingrasci, M. D., Eddie Hauben, Bill y Tom Hickey, y al resto de mis amigos de "*Interface*", que lograron que todo siguiera adelante; a mis amigos de Whitewood-Stamps, Jessica Lipnack, Tom Nickel, Jeff Stamps y Frank White, todos ellos conocedores de lo relativo y lo absoluto, quienes hicieron una crítica inicial del manuscrito; a Paul Nardella, el mago de la electrónica, que diseñó y construyó los instrumentos electrónicos utilizados en nuestras mediciones y experimentos; a David Doner, M. D., que nos ayudó con la sección médica del apéndice; a Robert L. Schwartz, presidente del Tarrytown Conference Center, que organizó la presentación de estas ideas ante un panel de científicos; y, por último, a mi esposa Mirtala, que editó, criticó y mecanografió, con mucha paciencia, el manuscrito.

Itzhak Bentov

Las ilustraciones de este libro fueron realizadas por el autor, a excepción de algunas de las piezas más atractivas, que son obra de Rick Humesky, de Ann Arbor, Michigan.

NOTA DEL EDITOR

Como destacado exponente de la nueva ciencia de la consciencia, Itzhak Bentov conmovió a todos aquellos con los que se cruzó por su perspicacia y genio expresivo. Su prematura muerte en 1979 fue una pérdida innegable, pero su visión —claramente presentada y accesible en sus escritos— continúa iluminando el camino hacia la consciencia superior.

ÍNDICE

Dedicado a aquellos individuos
que intentan reunir diversos aspectos de la
naturaleza en una totalidad nueva y significativa...

PRÓLOGO

Es un gran placer para mí escribir este prólogo al primer libro de mi extraordinario amigo Itzhak Bentov, al que todos conocen como Ben.

Ben es un inventor intuitivo, sin mucha educación formal, al que le gusta juguetear en el versátil laboratorio que tiene montado en su sótano, buscando soluciones sencillas y prácticas a problemas tecnológicos complejos. En la actualidad, dedica la mayor parte de su tiempo a desarrollar diversos instrumentos médicos. Así es como se gana la vida, y es lo bastante bueno como para ser muy solicitado por industrias modernas y especializadas que necesitan desesperadamente su especial estilo de creatividad.

En una de mis visitas a su casa, observé en una de las estanterías de su extensa biblioteca técnica y científica un pequeño libro de portada rosada, titulado *Winnie the Pooh*, resguardado entre pesadas obras con elaborados títulos técnicos. Esto puede dar una idea del estilo caprichoso que utiliza Ben a lo largo de este libro.

Hace unos diez años, su intuición lo llevó a la práctica regular de la meditación, lo que, a su vez, lo condujo a una mayor integración personal y coherencia interior. A esto le siguió el diseño de recorridos experimentales dentro del microcosmos y macrocosmos del universo; en conjunto, de todo ello ha surgido este pequeño y hermoso libro. Es realmente un buen texto, fácil de leer y digno de la atención de todos aquellos, mayores y jóvenes, que quieran expandir su conocimiento y crecer en consciencia.

También es un modelo muy útil para el desarrollo de nuestra ciencia futura.

La comunidad científica de hoy día se ha fosilizado un poco con su actual "imagen del mundo", y se halla encerrada en una visión de la realidad que ha dejado de ser útil. Ha empezado a limitar el crecimiento de la humanidad y aumentado tanto su sentido de especialización, separación, materialidad y funcionamiento mecánico, similar al de una computadora, que corre el peligro real de exterminarse a sí misma. Su sentido de totalidad y propósito ha sido gravemente fragmentado a medida que nuestros egos se han deleitado en el poder individual creado por la posesión del conocimiento científico físico. ¡Necesitamos desesperadamente encontrar un camino de vuelta a la integridad!

Este período reciente de la ciencia física cuantitativa ha sido de gran importancia para el desarrollo de la humanidad, ya que ha establecido un camino claramente discernible, aunque materialista, a través del terreno inexplorado de expresión de la Naturaleza. Nos ha enseñado a realizar experimentos significativos, reproducibles, y a elaborar y probar teorías relevantes sobre la Naturaleza. Sin embargo, en la actualidad nos hemos centrado tanto en este único camino que hemos perdido la flexibilidad de percibir todos los demás senderos posibles del conocimiento que tenemos a nuestra disposición en el maravilloso mundo de la Naturaleza.

Hemos llegado a creer que el renombrado "método científico" consiste en ser fríamente objetivo sobre un experimento, porque esto ha sido muy efectivo para gran parte de la experimentación pasada. Sin embargo, en realidad el método científico consiste en "proporcionar el protocolo necesario y suficiente para que cualquiera, en cualquier lugar, pueda duplicar con éxito el resultado experimental". Si esto requiere un sesgo mental o emocional positivo, negativo o neutro, que así sea. A medida que salgamos del camino puramente físico en nuestra experimentación futura, necesitaremos incluir, definir claramente y medir cuantitativamente estos estados de parcialidad, porque descubriremos que la mente y la intención humanas alteran el sustrato mismo en el que operan nuestras leyes físicas.

Nuestra ciencia física no trata necesariamente de la realidad, sea lo que esta sea. Más bien se ha limitado a generar un conjunto de relaciones consistentes para explicar nuestra base común de experiencia que, por supuesto, viene determinada por la capacidad y las posibilidades de nuestros mecanismos físicos de percepción sensorial. Hemos desarrollado estas leyes matemáticas basándonos, en última instancia, en un conjunto de definiciones de masa, carga, espacio y tiempo. No sabemos realmente qué son estas magnitudes, pero las hemos definido para tener ciertas propiedades inmutables, y hemos construido así el edificio de nuestro conocimiento sobre estos pilares. El edificio será estable mientras los pilares sean inmutables. Sin embargo, parece que estamos entrando en un período de evolución humana en el que ciertas cualidades del ser humano parecen poder cambiar, o deformar, estas magnitudes básicas. Por tanto, nuestro conjunto de leyes o relaciones de consistencia tendrá que cambiar para abarcar esta nueva experiencia. No es que las antiguas leyes estén equivocadas y haya que desecharlas, como tampoco era válido decir que Newton estaba equivocado cuando Einstein demostró que las leyes de la gravitación tenían que modificarse al momento de adoptar un marco de referencia para la observación que se movía a velocidades cercanas a la de la luz. En este momento, estamos empezando a adoptar nuevos estados de consciencia como marcos de referencia para observar la Naturaleza y, por lo tanto, las viejas leyes tendrán que ser alteradas para ajustarse a la nueva experiencia, cuando la sensación experiencial esté lo suficientemente extendida como para constituir una base de experiencia común. A lo largo de este camino, la visión que la humanidad tiene de sí misma, del universo y de la interrelación sinérgica de ambos ¡va a sufrir grandes cambios!

Se han dado algunos pequeños pasos hacia una nueva "autoimagen" de la humanidad, una que enfatiza la integridad humana y la conectividad con todo lo que la rodea. Todo parece interactuar con todo lo demás en muchos niveles sutiles del universo, más allá del nivel puramente físico, y cuanto más profundo penetramos en estos otros niveles, más nos damos cuenta de que somos Uno.

Por el simple hecho de articular esa realidad, este libro implica un gran paso adelante, contribuyendo así a la comprensión de nuestro desarrollo futuro.

WILLIAM A. TILLER

INTRODUCCIÓN

Este libro es el resultado de algunas discusiones informales que mantuve con amigos durante cierto tiempo. A medida que se iban añadiendo temas a las discusiones originales, la conversación se volvía cada vez más elaborada. Con el tiempo, mis amigos consideraron que sería conveniente presentar estas ideas a un público más amplio. Finalmente, cedí a la insistencia bienintencionada de mis amigos y plasmé algunas de ellas en papel.

Cuando me senté a escribir, me preguntaba si era el momento adecuado para hacerlo. La acumulación de conocimiento es un proceso continuo, y es difícil señalar en qué momento hay que decir: "Detente aquí y escribe toda la información que se ha acumulado hasta ahora". He decidido empezar a escribir en mi nivel actual de ignorancia, simplemente porque las circunstancias me obligaban a ello. Seguramente, podría describir mejor muchas cosas y añadir numerosas ideas nuevas si empezara este libro dentro de dos o tres años. Sin embargo, seguiría enfrentándome a la misma situación, porque nuestro nivel de ignorancia aumenta exponencialmente a medida que acumulamos conocimiento. Por ejemplo, cuando adquirimos un poco de información nueva, son muchas las preguntas que se generan, y cada nuevo pedazo de información engendra cinco o diez nuevos cuestionamientos. Estas preguntas se amontonan a un ritmo mucho más rápido que la información acumulada. Por tanto, cuanto más sabe uno, mayor es su nivel de ignorancia. Este efecto parece justificar mi decisión de publicar esta información ahora.

Por lo tanto, no pretendo que la información aquí contenida sea la verdad definitiva, pero espero que estimule más el pensamiento y la especulación de futuros científicos y profanos que estén interesados.

Gran parte de esta información ha llegado a través de visiones intuitivas, lo que no es justificación, por supuesto, para omitir un apoyo racional a este material. Sin embargo, cuando llegamos a la descripción de la "forma" del universo y el proceso de su creación, el apoyo racional se vuelve tenue, ya que estamos tratando con material que aún no puede encontrar pleno respaldo en hechos científicos. En este caso, la guía principal para juzgar el material presentado es la propia intuición o experiencia subjetiva.

Este libro se dirige a jóvenes de todas las edades, es decir, a aquellos cuya imaginación no ha sido sofocada por el proceso educativo estándar. Está escrito para personas que todavía pueden asombrarse por la forma en que las hormigas construyen sus moradas, por la fría elegancia de una serpiente o por la belleza de una flor. Escribo para personas que pueden tolerar un estado temporal de ambigüedad, para quienes pueden aceptar el cambio con facilidad y no temen manejar ideas descabelladas. Los que no toleren el cambio desertarán rápido. Pocos científicos leerán este libro hasta el final. Pero espero que estimule los procesos de pensamiento e implante algunas ideas en las mentes de futuros científicos, aquellos que estarán en su punto más alto a finales de este siglo.

En este libro intento construir un modelo del universo que satisfaga la necesidad de una imagen exhaustiva de "lo que es toda nuestra existencia". En otras palabras, un modelo holístico que abarque no solo el universo físico y observable que es nuestro entorno inmediato y el universo distante observado por nuestros astrónomos, sino también otras "realidades". Normalmente, no consideramos los componentes emocionales, mentales e intuitivos de nuestro ser como "realidades". Intentaré convencerte de que sí lo son. Los fenómenos que llamamos "inexplicables", como la psicoquinesia (el desplazamiento de un objeto con el poder de la mente), la telepatía, los fenómenos extracorpóreos, la clarividencia, etc., pueden explicarse una vez que conocemos los principios generales subyacentes que los rigen.

Recientemente, estos temas han suscitado una gran controversia. En la actualidad, una mayoría de profanos y científicos no creen en la existencia de tales fenómenos. En lugar de involucrarnos en la controversia sobre las posibilidades de la telepatía o de la probabilidad de que podamos funcionar o no fuera del cuerpo, intentaré demostrar los mecanismos subyacentes y explicar cómo podrían trabajar estas cosas. Corresponderá al lector decidir si las explicaciones que sugiero tienen sentido o no.

En primer lugar, sugiero que el principio general que subyace en todos los fenómenos mencionados es un **estado de consciencia alterado.** Estos estados alterados nos permiten funcionar en realidades que normalmente no están a nuestro alcance. Por "normalmente" me refiero a nuestro estado de consciencia habitual de vigilia, o a realidades que están disponibles para la persona que puede regularse de este modo. Intentaré encajar estas realidades en un espectro ordenado.

Todas estas realidades, tomadas en conjunto, forman un gran holograma de campos que interactúan con mi modelo.

La mayoría de nosotros observamos el universo a través de una diminuta ventana que nos permite ver tan solo un color, o realidad, del interminable espectro de realidades. Contemplar nuestro universo a través de esta diminuta ventana nos obliga a ver el mundo de forma secuencial, es decir, como acontecimientos que se perpetúan en el tiempo. Esto no es necesariamente así.

El concepto de "modelo", tal como lo utilizo aquí, implica en general un constructo teórico que encaja todos los hechos conocidos de los que disponemos en un bloque ordenado, elegante y compacto. Un buen modelo también permitirá predecir el comportamiento de los elementos o componentes de esa estructura. Esta es una buena demostración de la validez del modelo. Además, es bueno tener un modelo que no viole ninguna ley física actualmente aceptada, a fin de no pisarle los pies a nadie ni causar molestias. Creo que el modelo que presento cumple estos requisitos, aunque se acerca mucho al límite de los conocimientos actuales. Pero no hay nada de malo en intentar empujar esa frontera un poco más. No obstante, un modelo es solo un modelo y no la verdad absoluta; por lo tanto, está sujeto al cambio a medida que aparece nueva información en el horizonte. Cuando un modelo no sea suficiente para dar cuenta de todos los fenómenos, habrá que construir uno nuevo.

La teoría de la relatividad subraya la idea de que, independientemente de lo que observemos, siempre lo hacemos en relación con un marco de referencia que puede diferir del de otra persona, y que debemos comparar nuestros marcos de referencia para obtener mediciones y resultados significativos sobre los sucesos que observamos.

La teoría cuántica afirma que no hay forma de que puedan medirse con mucha precisión ciertos conjuntos de cosas, como el momento y la posición; sugiere (al menos en una interpretación muy difundida) que esto es así porque la consciencia del experimentador interactúa con el propio experimento. Por lo tanto, es posible que la actitud del experimentador también influya en el resultado de cualquier experimento concreto. Ahora bien, esto es un asunto serio, porque, a menos que seamos capaces de explicar y describir qué es la consciencia, siempre se podrá dudar de un experimento. Así que el problema es: ¿qué es la consciencia?

Si hojeas este libro verás un montón de diagramas, y puede que tengas la impresión de que se trata de un texto técnico o incluso científico. Bueno, no te preocupes por eso. Yo mismo soy un tipo bastante estúpido que no pudo aprender nada de matemáticas. De hecho, mi contacto con el mundo académico fue bastante breve: me expulsaron de la guardería a los cuatro años por unas supuestas actividades subversivas, y nunca he conseguido reanudar los estudios normales desde entonces, por no hablar de graduarme en ningún sitio. Así que mi mente ha permanecido en blanco e impoluta ante la enseñanza superior.

A fin de que podamos desarrollar un lenguaje común, tengo que utilizar algunos conceptos científicos elementales, como el comportamiento del sonido y de las ondas de luz y, por último, el de un holograma. He intentado que la descripción de este comportamiento sea lo más digerible y breve posible. Tengo que transmitirte cómo funciona la Naturaleza mediante ejemplos sencillos, que bastarán perfectamente para manejar los conceptos finales. Te sugiero, por tanto, que me tengas paciencia durante los cuatro primeros capítulos. A partir de ahí todo es cuesta abajo y divertido.

Después del capítulo 4 las cosas se ponen bastante escandalosas, porque me meto en lugares donde incluso los ángeles temen pisar. (Considero que los ángeles son un grupo bastante tímido y nada emprendedor). Uno de los objetivos de este libro es demostrar que, cuando se organiza en un orden razonable la información sobre temas como los fenómenos *poltergeist*, la psicoquinesia, la percepción extrasensorial, los fantasmas, la telepatía, la sanación psíquica, las experiencias místicas espontáneas, etc., descubrimos que estos fenómenos son una manifestación de la "consciencia" en niveles cada vez más altos.

Por ejemplo, trataré el tema de la reencarnación como un hecho, sin tener en cuenta la gran controversia que conlleva. Hay dos razones para ello: en primer lugar, el simple hecho de que cuando uno se pone en el nivel de consciencia adecuado, es capaz de obtener esta información de primera mano; en segundo lugar, sabemos que la energía no puede perderse dentro de un sistema cerrado. La característica principal del fenómeno de la vida es que contrarresta la tendencia general de las cosas a "degenerarse". Es decir, un sistema que contenga un alto grado de orden tenderá a degenerarse en un estado de desorden mientras disipa la disponibilidad de energía (aumento de entropía).

Tomemos como ejemplo el cuerpo humano. Para mantenernos con vida tenemos que comer. Pero ¿qué comemos? Comemos productos animales, vegetales o minerales. Ahora bien, ¿de dónde proceden? Los vegetales o las hierbas toman los minerales adecuados del suelo de nuestro planeta, los ordenan y los organizan en moléculas que se utilizan para construir las células vivas de la planta. Nuestro aparato digestivo digiere algunas de estas células y otras no. Nosotros, y otros animales que se alimentan de plantas, comemos el material vegetal y lo organizamos en una molécula más compleja: una proteína que se encuentra en la carne. El hombre y otros depredadores tienen la opción de comer directamente la proteína producida por los animales que comen plantas.

El ADN de nuestros cromosomas, que contiene la información necesaria para construir copias extra de nuestro cuerpo, es una sustancia extremadamente estable. Muy rara vez encontramos errores graves dentro de ese sistema. Es decir, encontramos pocas personas que tengan dos narices, tres piernas, etc. Nuestras propiedades físicas están bien guardadas dentro de nuestros cromosomas, hasta el más mínimo detalle, y allí se mantiene un grado muy alto de orden y estabilidad. Esto demuestra cómo la vida organiza minerales aleatorios en una estructura muy estable, y mantiene este orden durante un largo período de tiempo. (Esto es entropía negativa).

¿Qué ocurre cuando morimos? La energía que organiza la vida se va y nuestros cuerpos empiezan a descomponerse rápidamente. Bastan tres días para que nuestras preciosas proteínas portadoras de información se descompongan en sustancias malolientes. Con el tiempo, ya en la tumba, estas sustancias se descompondrán en otras aún más simples. Habremos devuelto al planeta las sustancias que tomamos prestadas.

Pero existe otro componente de la vida, aparte del cuerpo físico. Sabemos que durante nuestra vida elaboramos y almacenamos enormes cantidades de información. Esa información es también energía que se va organizando. En la infancia, los acontecimientos que nos ocurren parecen aleatorios e inconexos, una especie de secuela del mundo de los mayores. A medida que crecemos, empezamos a reconocer los patrones de acontecimientos y sus causas; en pocas palabras, **los ponemos en orden**. Este orden es análogo al que la fuerza vital ha puesto en los minerales para organizarlos e integrarlos en un cuerpo material viviente. Durante una vida (humana) organizamos un montón de información a muchos niveles. Se elabora información emocional, se elabora información mental, etc. Este manojo de información no es material, aunque algunos dirán que es el cerebro el que la contiene. Lo que tenemos aquí es un "cuerpo" de información. Es una entidad no material que contiene todos los conocimientos que hemos acumulado a lo largo de la vida, incluidos los rasgos de nuestra personalidad y carácter. Es el "nosotros" no material.

En la vida tratamos, por tanto, con dos sistemas organizativos, uno material y otro no material. En el momento de la muerte, el sistema físico decae y se instala el desorden; ¿ocurrirá lo mismo con el sistema energético no físico? Este sistema, al que llamaré "psique", es el organizador y procesador de esta información, y esa información se almacena fuera de nuestros cuerpos físicos. Afirmo que la psique puede existir independientemente del cuerpo físico, y que esta parte de nosotros que piensa y conoce se conserva. No es física y, por tanto, no está sujeta a la descomposición tras la muerte del cuerpo físico. Este "cuerpo" de información acabará siendo absorbido por la gran reserva de información producida por toda la humanidad, a la que llamaré "mente universal". Sin embargo, esto ocurrirá durante un período de tiempo muy largo. Pueden pasar muchos miles o millones de años. Por lo tanto, nada se pierde. El cuerpo físico es reabsorbido por el planeta, y el "cuerpo" de información también es absorbido de regreso a su origen. Nunca se pierde ninguna energía organizada. En el capítulo 4 se describe un experimento que demuestra la independencia de la psique respecto del cuerpo físico.

En resumen, sugiero que las personas que tienen problemas para aceptar el concepto de reencarnación, consideren que este manojo de información organizada tiene continuidad en el tiempo, mientras que el cuerpo físico sirve únicamente de vehículo temporal para la psique. Cuando la psique, después de haber estado sin cuerpo físico durante un tiempo (el período después de la muerte), decide que necesita fragmentos de información adicionales que solo pueden obtenerse a través del cuerpo físico, adquirirá uno y continuará asociándose con el nuevo cuerpo hasta que este se desgaste y muera.

La Naturaleza, como espero demostrar más adelante, necesita toda esta información, la cual es energía organizada, y no permitirá que se desperdicie. Se guardará en el gran holograma de almacenamiento de información de la Naturaleza: la mente universal. Normalmente, no tenemos recuerdos de vidas anteriores debido a un mecanismo de autoprotección similar al que nos impide sacar a la luz el material enterrado en lo más profundo de nuestro subconsciente.

A pesar de que en los últimos años hemos presenciado un gran aumento en el ámbito de los fenómenos psíquicos, todavía la mayoría de las personas padece lo que podríamos llamar el "síndrome de la jirafa", que es como sigue: un buen día, un anciano citadino decide visitar el zoológico. Mientras pasea, admirando todos los animales insólitos, se encuentra de repente mirando fijamente una serie de patas muy altas. Al levantar la vista, descubre el vientre del animal que conecta esas patas; sigue mirando hacia arriba, y todo lo que ve es cuello, cuello y más cuello, y luego, en algún lugar entre las nubes, una cabeza. "No", dice, "esto es imposible. No existe tal animal". Y se aleja de la jirafa y sigue caminando tranquilamente, sin volver a mirarla ni una sola vez.

La mayoría de la gente tiene el síndrome de la jirafa cuando se trata de esas áreas controvertidas. Los científicos son especialmente afectados por esto, con excepción de unos pocos espíritus pioneros. El problema es que ven la realidad a través de una diminuta ventana, y les gusta permanecer dentro del marco de esa ventana. Deciden que, si la jirafa es demasiado grande para caber en su ventana, es una lástima para el animal, porque, en lo que a ellos respecta, la jirafa no existe. Afortunadamente, los niveles de consciencia en los que divido los distintos fenómenos están disponibles con facilidad, de modo que cualquiera que esté dispuesto a dedicar tiempo y esfuerzo no necesita confiar en mi descripción de las cosas. Puede ir al zoológico y ver las cosas por sí mismo.

Debo pedir disculpas a las lectoras por referirme al Creador con el pronombre masculino. El Creador no es él ni ella, sino ambos. Por otro lado, por alguna razón no me atreví a llamarlo "Mandatario del Universo". No creo que a Él le pareciera bien, ni yo podría después enfrentarlo con la consciencia tranquila.

1. SONIDO, ONDAS Y VIBRACIÓN

Estamos constantemente rodeados por el sonido. En la cabeza tenemos incluso un orificio muy especializado para emitir sonidos que puedan ser significativos para otras personas. Nos comunicamos a través del sonido; de hecho, es nuestro principal medio de comunicación. Cuando perturbamos el aire de alguna manera, creamos sonido. El más ligero movimiento de nuestro cuerpo altera el aire que nos rodea, y producimos sonido. Cuando levantamos la mano comprimimos el aire a su paso, y ese frente de aire comprimido se alejará de nosotros a la velocidad del sonido, que en el aire es de unos 343 metros por segundo. Cuando hacemos movimientos periódicos con la mano, el sonido se convierte en una nota. Por sonido entendemos aquí cualquier perturbación acústica aleatoria que puede estar compuesta de muchas frecuencias diferentes. Una nota, en cambio, es un sonido en una sola frecuencia. A este tipo de sonido lo llamamos "infrasonido"; es decir, un sonido por debajo de nuestro nivel de percepción. Sin embargo, cuando una mosca o un mosquito bate sus alas, lo hace lo suficientemente rápido, y no hay duda de que podemos oírlo.

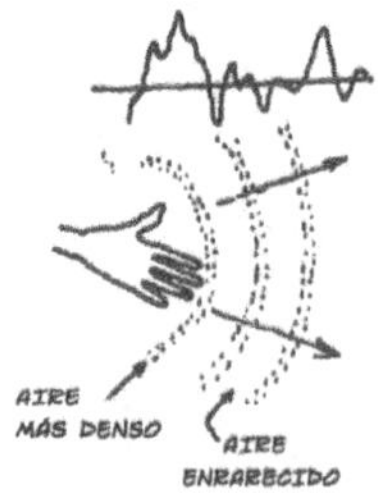

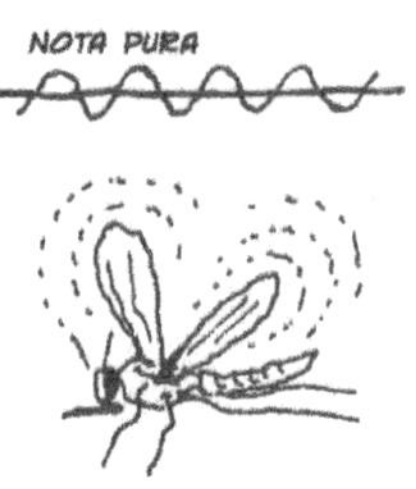

El rápido batir de sus alas produce compresiones uniformemente espaciadas y rarefacciones del aire que se tornan audibles para nosotros. En resumen, una mosca o un mosquito producen un sonido o una nota.

Intentemos hacer sonido de una forma menos obvia. Tomaremos un trozo corto de alambre, conectaremos sus dos extremos a una batería a través de un interruptor (Fig. 1) y activaremos este último.

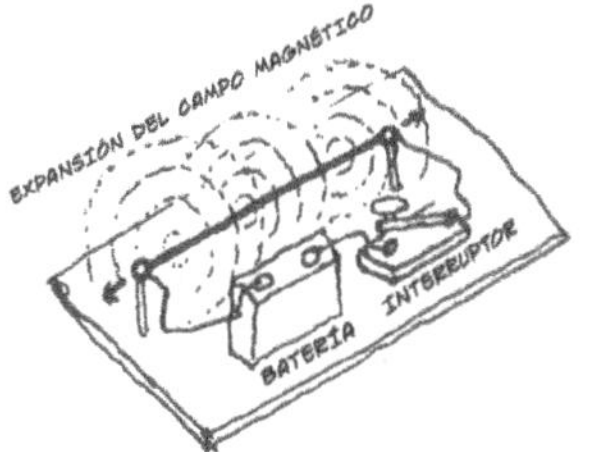

Fig. 1

En la escuela nos dijeron que en tal situación ocurrirán tres cosas: 1. Que la corriente eléctrica irá de un lado al otro de la batería; 2. Que un campo magnético perpendicular a esa corriente saldrá disparado y se expandirá hasta el infinito a la velocidad de la luz, que es de unos 300 000 kilómetros por segundo; y 3. Que el alambre se calentará ligeramente. Lo que probablemente no nos dijeron es: 4. Que cuando el alambre se calienta se expande, y al hacerlo claramente forzará al aire a apartarse de su camino y emitirá una especie de sonido; o 5. Que al acelerarse de este modo, la masa del alambre producirá ondas gravitatorias, ya que cada vez que una masa se acelera, emite ondas gravitatorias, que de nuevo se expandirán hacia el infinito a la velocidad de la luz.

Algunos dirán que, sin duda, las ondas gravitatorias serán casi infinitesimalmente débiles. Pero eso no nos preocupa, mientras estén ahí. Así pues, nuestra acción de activar el interruptor se ha transmitido, al menos teóricamente, hasta los límites exteriores de la atmósfera que rodea la Tierra, debido al movimiento del aire, y se ha transmitido hasta el final del universo por la expansión del campo magnético alrededor del alambre y por la onda gravitatoria producida por la aceleración del alambre.

El propósito de este ejemplo es mostrar cómo, en principio, incluso nuestras acciones más pequeñas e insignificantes serán transmitidas fuerte y lejos y, por tanto, influirán en algo o en alguien, sin importar si ese algo o alguien es consciente de ello o no.

Observemos ahora otros efectos del sonido. Si tensamos una cuerda en un marco (Fig. 2A) y luego la pulsamos en la mitad de su longitud, veremos el contorno de la cuerda en las posiciones extremas de su movimiento, formando dos arcos simétricos, como se muestra. Si pulsamos la cuerda en un punto situado a un cuarto de su longitud, veremos una forma como la de la figura 2B. Se trata de **ondas estacionarias**. Solo obtenemos este tipo de ondas cuando pulsamos la cuerda en distancias que la dividan en números enteros. En la figura 2A, la longitud del marco corresponde a media onda, mientras que en la figura 2B, el marco acoge una longitud de onda completa. En la figura 2B, la cuerda tiene, en medio, un punto en el que está en reposo, y otros dos puntos en los que está unida al marco. Estos puntos de reposo se denominan **nodos**. Todos los demás puntos de la cuerda vibran hacia arriba y hacia abajo. Cuando los nodos a lo

Fig. 2A

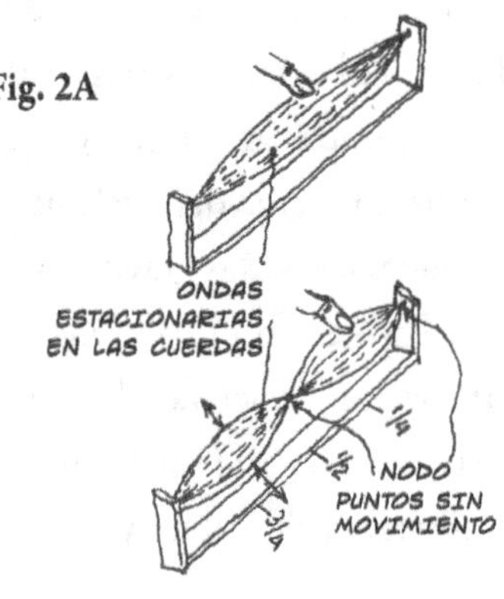

Fig. 2B

largo de la cuerda se muestran estacionarios y fijos mientras el resto de la cuerda está vibrando, llamamos a tal comportamiento una "onda estacionaria".

Supongamos ahora que tomamos una fina lámina de metal (Fig. 3), la sujetamos por un borde para que permanezca en posición horizontal, esparcimos de modo uniforme un poco de arena seca sobre ella, luego tomamos un arco de violín y lo deslizamos sobre uno de los bordes libres de la lámina hasta que emita una nota. Muy pronto veremos que los granos de arena se acumulan sobre la hoja siguiendo un patrón simétrico. A medida que apliquemos el arco en diferentes puntos a lo largo del borde del metal, obtendremos patrones diferentes y bastante bellos sobre la lámina.

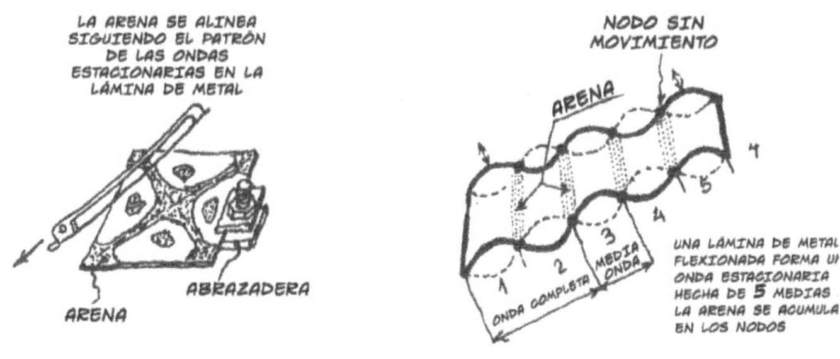

Fig. 3

Fig. 4

La razón de esta aglomeración de granos de arena es que estamos creando las mencionadas ondas estacionarias sobre el metal. Estas ondas estacionarias en la lámina metálica son una versión bidimensional de la onda estacionaria en la cuerda. Las ondas estacionarias tienen zonas activas que vibran arriba y abajo, y otras zonas o nodos que están inactivos. Los granos de arena se alejan de las zonas de vibración y se acumulan en las zonas de reposo. A los granos de arena les gusta que los dejen en paz, por lo que irán a los lugares tranquilos y de baja energía. Este patrón en la arena nos delinea el patrón de las ondas estacionarias en la lámina de metal. Las ondas estacionarias dividen automáticamente la longitud y la amplitud de la placa en un número **entero** de longitudes de onda media (Fig. 4). Solo entonces puede mantenerse una onda estacionaria. Esto es así por definición. Las ondas estacionarias no pueden existir, a menos que dividan su mitad en un **número entero de medias ondas.** Una onda estacionaria con una longitud de onda fraccionada no puede mantenerse.

También podemos enunciarlo de otra manera: las dimensiones de la lámina son los factores que rigen cuál es el tamaño o la longitud de onda de la onda estacionaria que puede sostenerse en la placa. Cuando una estructura está en resonancia (lo que significa que vibra a una frecuencia que le es natural y que puede sostener con mayor facilidad), implica la presencia de una onda estacionaria.

Veamos si podemos visualizar este tipo de comportamiento en tres dimensiones. Podríamos tomar una caja transparente (Fig. 5), llenarla de un fluido y dispersar en ella partículas con el mismo peso específico que el fluido, de modo que permanezcan dispersas en el fluido y no se hundan hasta el fondo. Luego, haciendo vibrar las paredes de esta caja desde los seis lados de forma sincrónica, podríamos provocar que estas partículas se aglomeraran en un patrón tridimensional simétrico. Este patrón se parecerá a un cristal muy ampliado, si suponemos que los grumos aglomerados son análogos a los átomos de un cristal. Hemos producido de nuevo un patrón de ondas estacionarias en esta caja, que es un análogo tridimensional de la onda estacionaria en la cuerda y la lámina de metal. Al mismo tiempo, hemos producido un objeto tridimensional análogo a un bloque básico de construcción en la Naturaleza y a un cristal altamente ordenado, y lo hemos hecho simplemente aplicando **sonido** a una suspensión de partículas amorfa y desorganizada.

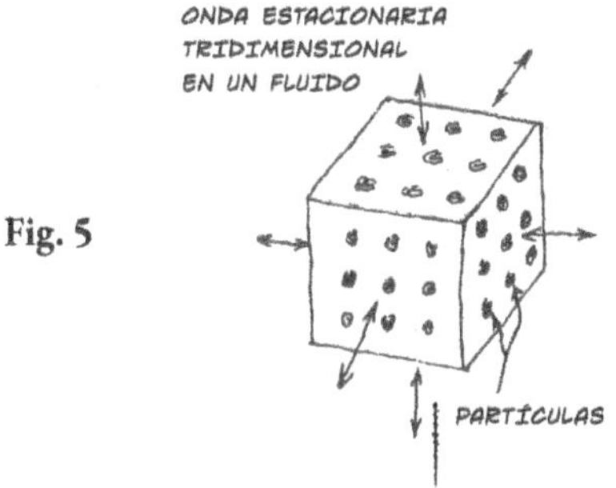

Fig. 5

En la caja hemos establecido un patrón de interferencia de ondas estacionarias (lo que pronto explicaremos) que rige la posición de las partículas. En resumen, al utilizar sonido hemos introducido orden donde antes no lo había. Puede suceder que una estructura cristalina llegue a verse como la representación de un sonido que interactúa en un volumen. ¿Es posible que el ordenado patrón de los átomos en la materia sea el resultado de la interacción de algún tipo de "ondas sonoras" en la materia?

Fig. 6

Sonidos superpuestos

Vayamos ahora un paso más allá y veamos si el "sonido" puede servir también para almacenar información o conocimientos. Para este experimento solo necesitamos un recipiente redondo poco profundo y tres guijarros. Llena el recipiente de agua. Deja caer los tres guijarros al mismo tiempo, como se muestra en la figura 6, y observa cómo se propagan las ondas en el recipiente. Cada guijarro es el origen de las ondas que se propagan uniformemente por el recipiente. (Olvidémonos de las ondulaciones reflejadas que se producen al chocar con las paredes del recipiente). Estas ondas se cruzan entre sí y crean un complejo patrón de ondulaciones en la superficie del agua. A nosotros nos parecen bastante caóticas. Sin embargo, hay un orden en este aparente caos. Lo que ha ocurrido es que la onda producida por cada guijarro individual se ha expandido y ha alcanzado el borde del recipiente. De tal manera, las ondas se han cruzado e interactuado entre sí de camino a los bordes del recipiente. Esta interacción* ha creado un patrón complejo que se denomina **patrón de interferencia**. Sin embargo, si analizamos detenidamente este patrón, podemos rastrear cada ondulación hasta su origen: el guijarro. Congelemos ahora rápidamente la superficie del agua del recipiente y levantemos la lámina de hielo ondulada que se ha producido. Estamos sosteniendo en nuestras manos un registro del patrón de interferencia de las ondas, al que incluso podríamos llamar **holograma**†.

Patrones de interferencia y frecuencias de batido

A fin de aclarar qué es un patrón de interferencia, tenemos que aprender dos propiedades adicionales del sonido en sus diferentes formas: 1. interferencia constructiva y destructiva; 2. frecuencia de batido.

Veamos la primera. En la figura 7A, verás lo que ocurre cuando se encuentran dos patrones de onda de idéntica frecuencia y amplitud, o longitud de onda. Intentemos superponerlas. En la figura 7A, vemos que las crestas y los valles de las frecuencias de las filas **a** y **b** coinciden entre sí. Si las superponemos, al medir su

* La superposición se incluye en el término más amplio de "interacción".

† Un holograma suele ser una película fotográfica plana en la que se graba información sobre la forma del objeto, al modo de un patrón de interferencia de frente de onda. Cuando esta película se ilumina con la misma luz con la que se grabó originalmente la información, se reconstruye el frente de onda y la imagen aparece en el espacio como un objeto tridimensional, idéntico en "forma" al objeto original. Véase Kock, Winston E., *Los rayos láser y la holografía: una introducción a la óptica coherente*. Buenos Aires: Eudeba, 1972.

altura o amplitud desde sus respectivas líneas de base, vemos que las crestas y los valles coinciden entre sí. Y cuando se suman, producen una forma de onda que duplica la altura de las formas de onda originales, como se muestra en la fila **c**. A esto se le conoce como **interferencia constructiva**, porque conforma la amplitud.

Si observamos ahora la figura 7B, veremos que las crestas coinciden con los valles y los valles con las crestas. Y si los sumamos, veremos que se anulan entre sí, como indica la línea plana de la fila **c**. Esto se conoce como **interferencia destructiva**. Esto es lo que ocurre en nuestro recipiente de agua. Si observamos las ondulaciones en la capa de hielo, veremos que allí donde una cresta se encuentra con otra, acabamos con una cresta que tiene el doble de la altura original, y donde la cresta se encuentra con el valle, encontramos solo un punto plano. Esta es la naturaleza de un patrón de interferencia. Sin embargo, son posibles muchas formas de patrones de interferencia. Podemos tenerlos en una sola dimensión (como cuando hacemos vibrar una cuerda), en dos dimensiones (como en nuestro recipiente plano) o en tres dimensiones (como en nuestra caja de la figura 5).

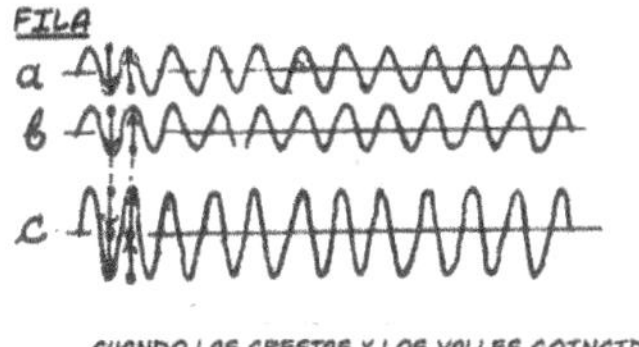

CUANDO LAS CRESTAS Y LOS VALLES COINCIDEN Y SUMAMOS LAS FLECHAS, ENCONTRAMOS QUE APUNTAN EN LA MISMA DIRECCIÓN Y SE REFUERZAN ENTRE SÍ.

Fig. 7A

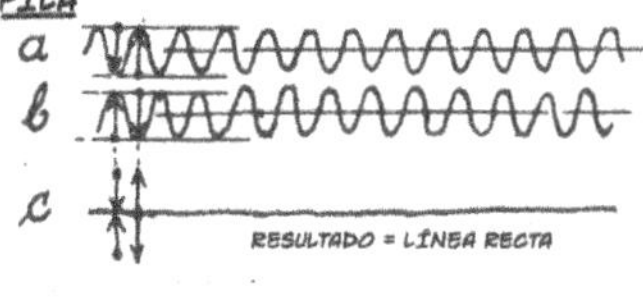

CUANDO LAS CRESTAS Y LOS VALLES SE OPONEN ENTRE SÍ, LAS FLECHAS APUNTAN EN DIRECCIONES OPUESTAS, DANDO RESULTADO CERO CUANDO LAS SUMAMOS.

Fig. 7B

Frecuencias de batido

Ahora que sabemos lo que es un patrón de interferencia, será relativamente fácil entender una frecuencia de batido. En la figura 7C, vemos una frecuencia en la fila a —supongamos que es de 50 ciclos por segundo— y otra en la fila **b** —supongamos que es de 60 ciclos por segundo. Si las sumamos como hicimos antes, descubriremos un fenómeno interesante. La fila **c** muestra el resultado de sumar las dos frecuencias. Lo que vemos es una forma de onda con forma de perla superpuesta sobre nuestras formas de onda **a** y **b**. La razón es evidente si examinamos detenidamente la figura 7C. Empezando por la izquierda, vemos que en la fila **c** la amplitud (altura de onda) es baja donde las crestas y los valles se oponen y alta donde ambas formas de onda coinciden o se refuerzan mutuamente, lo que da lugar a una interferencia constructiva. Se dice entonces que los patrones de onda están **en fase**, por utilizar un término técnico.

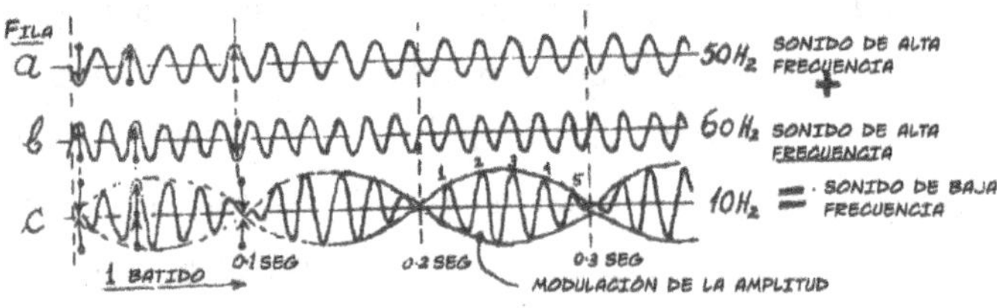

Fig. 7C

Ahora, a medida que nos desplazamos hacia la derecha, observamos que las ondas **a** y **b** se desfasan gradualmente, y las crestas comienzan a enfrentarse a los valles, oponiéndose entre sí, lo que significa que se está produciendo una interferencia destructiva. Esta interferencia destructiva alcanza su máximo en uno de cada cinco ciclos, formando una estrecha "cintura" en la amplitud o "volumen" del sonido en esos puntos.

Por tanto, el patrón en forma de perla de la fila **c** será una "modulación" del sonido básico, que tiene una amplitud fija. Modulación significa un cambio que se produce en un comportamiento que, de otro modo, sería liso o uniforme. En nuestro caso, significa un aumento y una disminución de la amplitud o "volumen" del sonido de 60 y 50 ciclos por segundo. Esta modulación se producirá 10 veces por segundo, con una ocurrencia mínima cada seis ciclos. Esta modulación de 10 Hz* se denomina frecuencia de batido y es la diferencia entre las frecuencias **a** y **b**, o 60 Hz menos 50 Hz = 10 Hz. Si tuviésemos un sonido **a** que fuera a 10 ciclos por segundo y uno **b** a 12 ciclos por segundo, tendríamos entonces una frecuencia de batido de 12 menos 10 = 2 ciclos por segundo, superpuesta a estas dos frecuencias básicas. El conocimiento de estas dos propiedades del "sonido" será importante hacia el final de este libro. Observa que la diferencia entre las dos frecuencias rápidas produce una tercera frecuencia que es mucho más lenta que las dos primeras. Se trata, pues, de un hermoso dispositivo para convertir las altas frecuencias en bajas.

El almacenamiento de información de la naturaleza

Volvamos ahora a la placa de hielo que sacamos del recipiente, y busquemos una fuente de luz adecuada para iluminarla (Fig. 8). Descubriremos con gran sorpresa, si miramos a través del hielo hacia la luz, que podemos ver los tres guijarros suspendidos en pleno aire. Nos parecerán muy tridimensionales. Se trata de un resultado totalmente inesperado. Parece que la superficie ondulada del hielo, o el patrón de interferencia, de algún modo ha **almacenado la información** sobre el paradero y la forma de los guijarros. La superficie de hielo actuó como una lente distorsionada, de tal forma que enfocó la luz hacia los puntos ocupados por los guijarros que provocaron todas estas ondulaciones. La superficie de hielo, de aspecto caótico, es en realidad un dispositivo de almacenamiento de información.

---

* En lenguaje técnico, un ciclo por segundo se expresa como 1 hercio; en forma abreviada, 1 Hz.

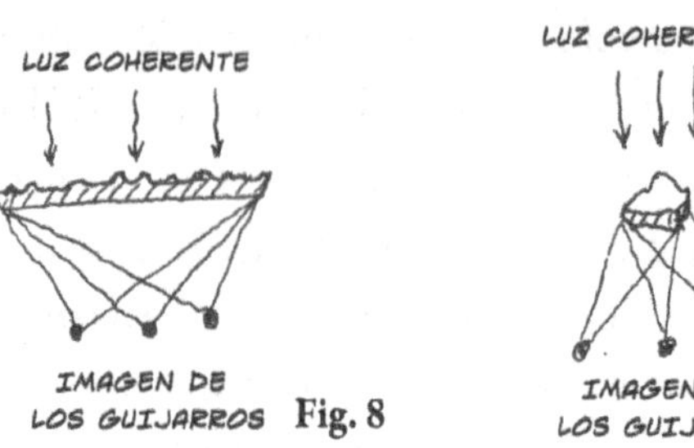

Fig. 8 Fig. 9A

Supongamos ahora que, debido a una falta momentánea de atención o a una simple torpeza, esta placa de hielo se nos resbala de las manos, cae al suelo y se rompe. Recogemos con tristeza los trozos, pero antes de tirarlos, levantamos uno de ellos y lo iluminamos del mismo modo que hicimos con la lámina entera. Para nuestra gran sorpresa, volvemos a encontrar los tres guijarros proyectados en pleno aire (Fig. 9A). Pero ¿cómo es posible?

Tal vez recuerdes que la información sobre el paradero de cada guijarro fue transportada por las ondas que se desplazaban hasta el borde del recipiente. Sabemos que, si dejamos caer un solo guijarro en el recipiente, nos resultará muy fácil localizarla. Simplemente buscaríamos el centro de los anillos concéntricos de las ondas, o frentes de ondas. También sabemos que las ondas de cada guijarro cruzaron toda la superficie del recipiente; naturalmente, deben haber interactuado entre sí a través de todo el recipiente, en cada centímetro cuadrado de su superficie. Podemos mostrarlo así: los arcos creados por cada guijarro atraviesan una pequeña parte de la superficie, y cada arco puede rastrearse hasta su origen (Fig. 9B). Este es el principio básico del holograma. Sin embargo, no te recomiendo que intentes realizar el experimento descrito. No funcionará en la práctica por algunos complicados motivos técnicos que pasaremos por alto. Pero es perfectamente útil para explicar el funcionamiento del más apasionante dispositivo de almacenamiento de información: el holograma. Es la forma que tiene la naturaleza de almacenar información. Ya hay evidencias de que nuestro cerebro almacena información de forma holográfica. Este tipo de dispositivo de almacenamiento es el más compacto que se conoce en la Naturaleza. Un ejemplo de ello es el código genético que transportan nuestros cromosomas. Cada célula de nuestro cuerpo transporta toda la información necesaria para hacer una copia adicional de él.

Nuestro éxito en almacenar información en el sistema que acabamos de describir depende, naturalmente, del comportamiento predecible y ordenado de las ondas en el recipiente. Deben ser consistentes, tanto en velocidad como en distancia, entre las ondas o longitudes de onda. Esto es lo que las hace fiables como portadoras de información; de lo contrario, todo lo que obtendríamos sería una mezcolanza de ondas. Aquí es donde hace su entrada la coherencia.

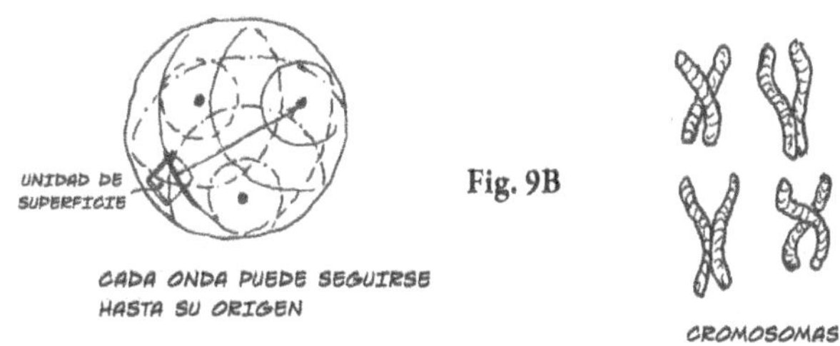

Fig. 9B

Coherencia

Llegados a este punto, convendría describir cómo se realiza un holograma real para que te familiarices con este importante concepto.

Por **coherencia** entendemos un orden de cierto tipo. En este caso, hablaremos de luz coherente, sin la cual no se puede hacer un buen holograma. La fuente más popular de luz coherente es un láser. El primer aspecto importante de la luz láser es que produce luz de una única frecuencia. Todos sabemos que nuestro sol nos envía una luz que un prisma puede descomponer en un espectro que contiene todos los colores del arcoíris. Un láser produce luz de un único color de ese arcoíris, lo que denominamos "luz monocromática". Además, la luz emitida por el láser es coherente, o va al mismo paso. Con esto queremos decir que toda la luz que sale de la fuente avanza en frentes planos y uniformes (Fig. 10). Esto hace posible que la luz láser se mantenga en un haz estrecho a lo largo de distancias muy grandes.

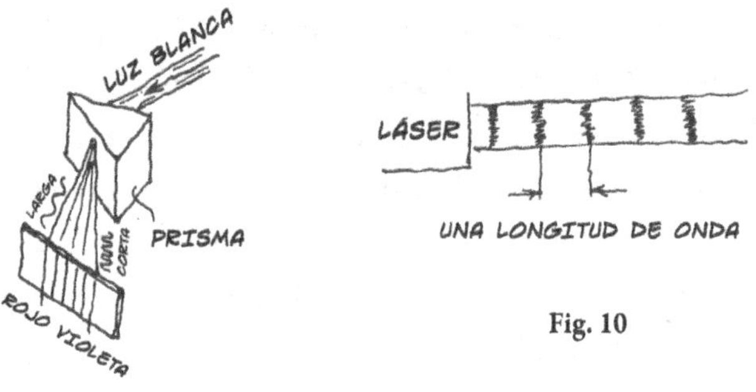

Fig. 10

Hay una forma mejor de describir la coherencia. Supongamos que tenemos un desfile y una compañía de soldados marcha al estilo militar por una calle principal. Avanzan de diez en diez, muy cuidadosamente alineados en cada fila. Las distancias entre las filas son fijas, lo que es análogo con las distancias uniformes entre las crestas de las ondas de luz. Que estén cuidadosamente alineados uno al lado del otro, sin que ninguno sobresalga de la fila, es análogo a que la luz esté en fase o "al paso". En resumen, la fila de soldados es análoga a la luz emitida por el rayo láser. Supongamos ahora que se produce un descuido y uno de los soldados, sin ver a sus compañeros, se sale de su fila, avanza y le pisa los talones al compañero que tiene delante. Este último entra en pánico; al pensar que se está quedando rezagado, salta hacia delante y choca con el compañero que tiene enfrente. Se desencadena así un pánico generalizado en el que los soldados que chocan entre sí alteran la amplitud uniforme de la columna en movimiento. La ordenada columna se separa, se ensancha y luego se abre completamente en gran desorden, a pesar de que su comandante está tocando su silbato, tirándose de los pelos y usando palabras duras para que sus hombres vuelvan a formarse. Lo que hemos aprendido de este desastroso desfile es que un rayo de luz puede permanecer en un estrecho haz, similar al de un láser, solo mientras sea coherente. Cuando se pierde la coherencia, el haz de luz tenderá a expandirse rápidamente, al igual que el haz de una linterna común.

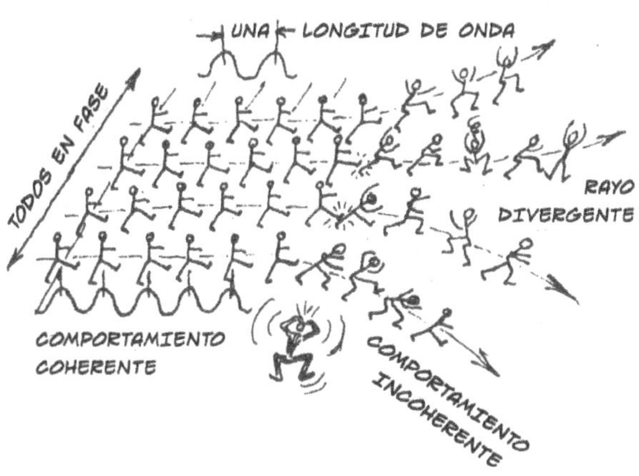

El holograma

Ya hemos visto que la información puede almacenarse mediante un patrón de ondas en interferencia. Para que haya interferencia, debemos tener al menos dos componentes que interactúen, y así es como se consigue el efecto de la figura 11.

El haz de luz láser se divide en dos componentes mediante un medio espejo; es decir, un espejo semitransparente. Esto permite que parte del haz continúe sin ser alterado mientras que otra parte se desvía hacia otro espejo. Ambos haces estrechos se esparcen mediante lentes. El haz superior, que llamaremos **haz de referencia**, llega a una placa fotográfica después de un vuelo sin incidentes, ya que no se ha producido ningún evento importante en su camino hacia la placa. Procede entonces a depositar su impresión sobre la película.

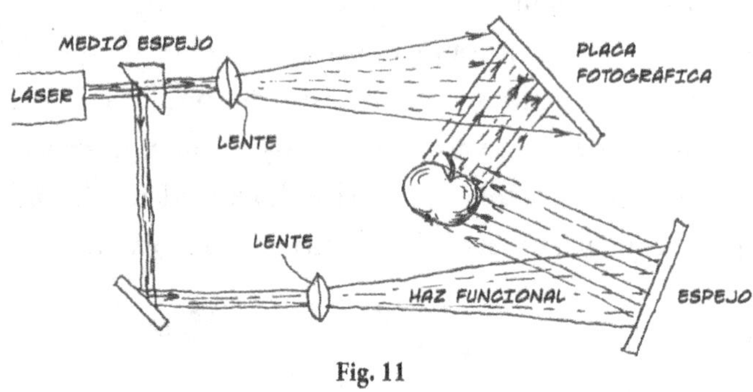

Fig. 11

A la otra mitad del haz lo denominaremos **haz funcional**. El trayecto de este haz sufrió un acontecimiento: se encontró en su camino un objeto, en este caso, una manzana, a la cual iluminó y con la que interactuó. (No consideramos que valga la pena hablar de los encuentros a través de espejos y lentes). El haz funcional se reflejará entonces desde la manzana y caerá sobre la película. Allí se encontrará con su gemelo, el haz de referencia, y le contará sus experiencias con la manzana. (Ninguno de los dos sospecha que su interacción se está grabando en una película). La interacción entre los dos haces provocará la formación de ondas entre ellos, que crearán el patrón de interferencia con el que ya estamos familiarizados, ya que las onda de luz se comportarán en este caso de la misma manera que las ondas de agua. Sin embargo, estas ondulaciones no se parecen en nada a la forma de la manzana; en cambio, como ya sabemos, las ondulaciones en la emulsión fotográfica contienen información, y esa información puede ser extraída iluminando la película expuesta con la misma luz que se utilizó para hacer el holograma. Al hacerlo, veremos que la manzana aparece suspendida en el aire y con un aspecto muy tridimensional y real. Al ver una imagen reconstruida a partir de un holograma, podríamos engañarnos fácilmente al pensar que estamos viendo el objeto verdadero.

Ten en cuenta que la parte importante de la creación de imágenes holográficas es la interacción de un haz de referencia —un haz puro, virgen e intacto— con un haz funcional, que ha tenido algunas experiencias en su vida. La magnitud de estas experiencias se mide en relación con el haz de referencia, que sirve como base de comparación.

Toda nuestra realidad se construye haciendo constantemente este tipo de comparaciones. Nuestros sentidos, aquellos que nos describen la realidad, realizan estas comparaciones constantemente. Por desgracia, nuestros sentidos, al carecer una línea de referencia absoluta, deben generar su propia línea de referencia relativa. Pero siempre que percibimos algo, solo notamos las diferencias*.

Sería útil tomar un ejemplo de la Naturaleza para ver cómo esas diferencias se ponen en práctica de forma muy obvia. Tomemos como muestra al murciélago. Todos sabemos que esta pequeña criatura, similar a un ratoncito, se alimenta de los insectos que atrapa al volar. Como es activo de noche, ha desarrollado un dispositivo parecido a un sonar† que le es muy útil y le permite ganarse la

* Ya se trate de calor o frío, luz u oscuridad, silencio o ruido, siempre comparamos dos cantidades relativas. Por lo que se refiere a nuestra realidad cotidiana, no tenemos una medida absoluta de nada.

† Sonar: dispositivo de detección de sonidos bajo el agua.

vida con bastante facilidad. Dispone de estructuras muy especializadas en la cabeza, que le dan la capacidad de emitir un sonido de muy alta frecuencia y dirigirlo en un haz bastante estrecho. Este es su haz de referencia. Cuando este haz se encuentra con un insecto volador, parte del sonido se refleja en el murciélago (Fig. 12). El murciélago capta este eco, que podemos denominar haz funcional, y lo compara con su crujido o chirrido original. Entre los dos habrá una diferencia (denominada efecto Doppler), y esta diferencia le indica al murciélago a qué distancia está el insecto y a qué velocidad se mueve con respecto a él. A medida que el murciélago consigue acercarse con éxito al insecto, la diferencia entre las dos frecuencias emitida y el disminuye. Cuando esta diferencia se hace muy pequeña, el murciélago abre la boca y se traga el eco. Algunos ecos, como seguramente sabe el murciélago, son más sabrosos que otros.

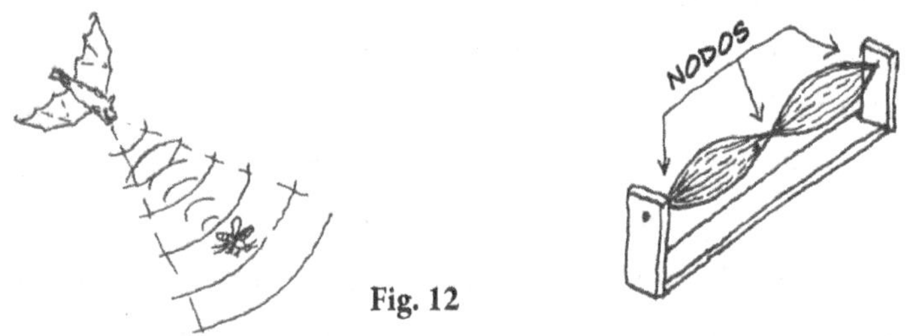

Fig. 12

Ahora vemos como, al apreciar la **diferencia** entre dos sonidos o vibraciones, uno puede desenvolverse bastante bien en la vida. Hay muchas criaturas que logran sobrevivir, ya que aprecian las diferencias de sonido: marsopas, ballenas y muchas otras. Nosotros, los humanos, también utilizamos esta técnica de formas menos evidentes en la visión de los colores, la audición, etc.

Osciladores y sistemas resonantes

Podemos describir a un oscilador como cualquier objeto que se mueve de forma regular y periódica. Podemos llamar oscilador a una cuerda que vibra, un peso que cuelga de un muelle, un péndulo: cualquier cosa que realice un movimiento repetitivo y periódico, es decir, que vibre. Podemos generalizar y decir que los osciladores producen un sonido o una nota, audible o no, siempre que alteren su entorno de forma periódica. Ese entorno puede ser un tejido, como en el sistema oscilante del corazón-aorta, el agua, el aire, los campos eléctricos, los campos gravitatorios o cualquier otra cosa.

Supongamos que afinamos dos violines, luego ponemos uno de ellos sobre la mesa y tocamos una nota en el otro. Si observamos con atención, veremos que la misma cuerda que estamos tocando en un violín también vibra en el violín que colocamos sobre la mesa. Es evidente que existe una "resonancia simpática" entre ambos. Analicemos lo que ocurre.

Cuando deslizamos el arco sobre una cuerda, esta vibra a su propia frecuencia natural, que denominamos autofrecuencia. Como los dos violines están correctamente afinados, sabemos que las frecuencias naturales de ambas cuerdas eran idénticas. Dentro de un sistema como este (llamaremos "sistema" a los dos violines), es muy fácil transferir energía. En este caso, se trata de energía acústica. Las ondas de aire generadas por el primer violín inciden en el segundo. La cuerda que está afinada en la nota emitida absorberá preferentemente la energía de las ondas de esa frecuencia, porque esa energía le llega en su propia frecuencia natural. La transferencia de energía dentro de este sistema es, por tanto, óptima, y un sistema de este tipo, formado por dos **osciladores sintonizados**, se denomina un sistema resonante.

Pongamos otro ejemplo. Supongamos que conseguimos varios relojes de péndulo antiguos, como los de nuestros abuelos. Imaginemos que los colgamos en una pared y disponemos sus péndulos de modo que comiencen a moverse cada uno en un ángulo diferente, es decir, desfasados entre sí. Al cabo de uno o dos días, veremos que todos los péndulos se mueven en fase, como si estuvieran entrelazados. (La longitud del péndulo debería ser la misma para todos ellos). Aquí vemos que la ínfima cantidad de energía que se transmitió a través de la pared, de reloj a reloj, fue suficiente para ponerlos en fase entre sí. Si perturbamos uno de los relojes, recuperará el ritmo con bastante rapidez. Cuanto mayor sea el número de osciladores de un sistema de este tipo, más estable resultará y más difícil será perturbarlo. Un oscilador rebelde se verá obligado a alinearse rápidamente.

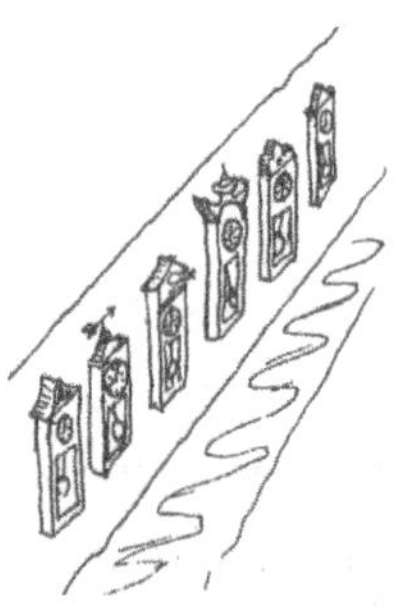

El sonido del cuerpo

El corazón es un gran productor de ruido. Podemos comprobarlo fácilmente poniendo la oreja en el pecho de alguien para escucharlo. Cada latido sacude todo el cuerpo, y este tiene una reacción típica a dicho latido, que se puede medir con bastante facilidad. La figura 13 muestra el aspecto de este movimiento cuando se mide con un instrumento sensible similar a un sismógrafo*. Este movimiento está claramente relacionado con el calor del corazón; de hecho, el pico más alto que vemos en este gráfico está causado por la expulsión de sangre del ventrículo izquierdo del corazón. La parte entre los picos grandes parece bastante irregular y se debe a la vibración del cuerpo, causada por la acción de la sangre en la aorta, que es la arteria más grande de nuestro organismo. Esta parte irregular se debe a un patrón de interferencia destructiva establecido en la aorta, como se verá más adelante.

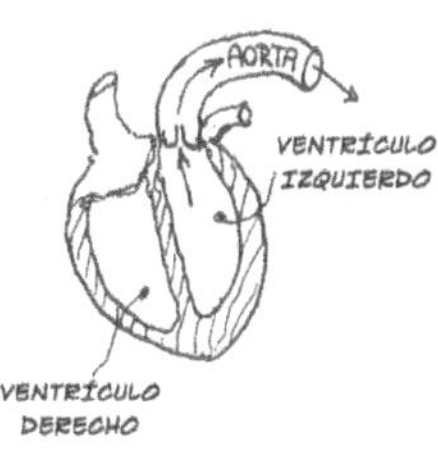

Cuando dejamos de respirar, la señal irregular de la figura 13 se convierte en un patrón sutil, regular y prácticamene como una onda sinusoidal (Fig. 14). Esto es sorprendente, y cuando investigamos las razones de este comportamiento, descubrimos que el sistema corazón-aorta se ha convertido en uno de los denominados sistemas resonantes, como se muestra en la figura 15, en el que la longitud de la aorta forma la mitad de una longitud de onda de este sistema. Por sistema resonante entendemos aquel que resuena como un instrumento musical afinado.

Fig. 13 **Fig. 14**

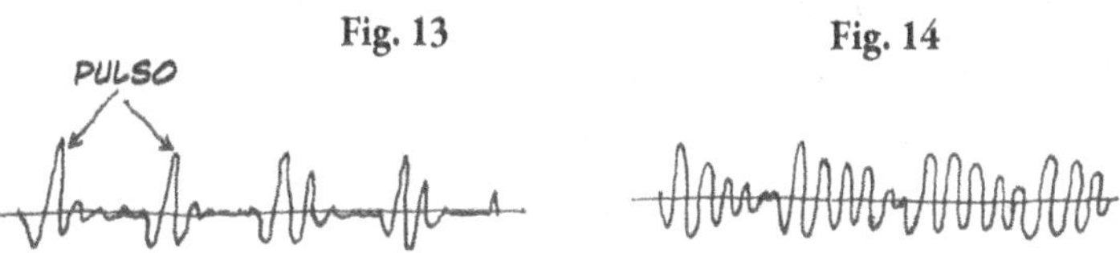

* Un sismógrafo es un instrumento utilizado para medir los temblores de la corteza terrestre durante los terremotos.

Esto es lo que parece ocurrir: cuando el ventrículo izquierdo del corazón expulsa sangre, la aorta, al ser elástica, se dilata justo por encima de la válvula y provoca un pulso de presión descendente (Fig. 16). Cuando el pulso de presión alcanza la bifurcación en la parte inferior del abdomen (que es donde la aorta se divide en dos para dirigirse a las piernas), parte del pulso de presión rebota y comienza a ascender por la aorta. Si, mientras tanto, el corazón expulsa más sangre y un nuevo pulso de presión se desplaza hacia abajo, estos dos frentes de presión acabarán colisionando en algún punto de la aorta y producirán un patrón de interferencia. Esto se refleja en el movimiento del organismo y es la razón del patrón irregular de movimiento del cuerpo de la figura 13.

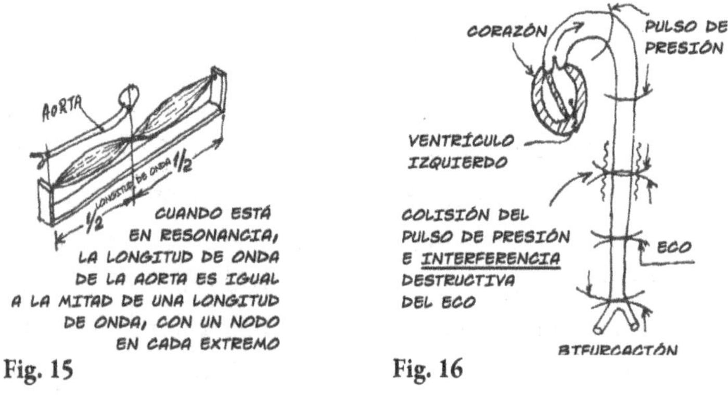

Fig. 15 Fig. 16

Sin embargo, cuando la respiración cesa, parece como si se hubiera establecido algún tipo de comunicación entre el corazón y la bifurcación. Algún tipo de señal parece viajar desde la bifurcación al corazón, y le dice: "Corazón, espera. Aguanta tu siguiente pulso hasta que el eco de la bifurcación vuelva a ti; sólo entonces debes expulsar la siguiente cantidad de sangre". Cuando esto sucede, y el eco y el pulso salen del corazón juntos, y continúan moviéndose arriba y abajo en sincronía, entonces se dice que el sistema está en resonancia. Esto hace que el cuerpo se mueva armoniosamente hacia arriba y hacia abajo unas siete veces por segundo, de ahí el patrón de onda sinusoidal, sutil, regular y de gran amplitud, de la figura 14. La amplitud o altura de esta señal es aproximadamente tres veces superior al promedio de la señal normal. Otra característica del comportamiento resonante es que su mantenimiento requiere una cantidad mínima de energía.

Bien, pero ¿cuánto tiempo podemos aguantar la respiración? Desde luego, no más de un minuto de forma cómoda, y entonces empezamos a respirar y arruinamos el sutil patrón rítmico. No olvidemos ahora que nuestro cuerpo incluye nuestra cabeza, y dentro del cráneo, cuidadosamente empaquetado, hay un instrumento muy delicado: el cerebro. Este cerebro está amortiguado por una fina capa de fluido y envuelto en una bolsa hermética: la duramadre. La forma más sencilla de visualizar este sistema es pensar en una fruta relativamente blanda y redonda, como un durazno, encerrada en una lata que contiene un almíbar espeso. Si agitamos la lata, veremos que el melocotón golpeará la parte superior e inferior de la lata y se acelerará con un ligero retraso en la misma dirección en la que esta se mueve. El movimiento es bastante pequeño, solo de 0,005 a 0,010 mm. Esto es exactamente lo que le ocurre al cerebro.

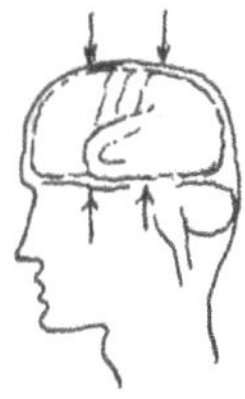

La pregunta es: ¿cómo es que no somos conscientes de que esto nos ocurre? Probablemente se deba a que, cuando algo le ocurre al sistema nervioso durante un período prolongado de tiempo, y ese acontecimiento no es traumático, no llamará nuestra atención consciente, porque la parte del cerebro que se encarga de censurar y separar las señales significativas de las que no lo son, lo relegará al montón de manifestaciones sin importancia, que no requieren un procesamiento consciente. Por experiencia, sabemos que podemos acostumbrarnos fácilmente e ignorar el fuerte tic-tac de un reloj a nuestro lado o el ruido en la cabina de un avión.

Sin embargo, ese ruido se archiva en alguna parte y nos afecta de forma sutil. Si le preguntáramos cómo le gustaría que lo trataran —si prefiere ser sacudido a un ritmo aleatorio e irregular o de forma rítmica y armoniosa—, podemos estar seguros de que el cerebro, o para el caso, todo el cuerpo, preferiría lo segundo.

La sincronización del ritmo

Supongamos que salimos a la calle en una agradable tarde de verano y observamos que unas luciérnagas se posan en un arbusto y parpadean. Al principio, el parpadeo es aleatorio, pero pronto nos damos cuenta de que poco a poco se establece un orden. Al cabo de un rato, vemos que todas las luciérnagas del arbusto parpadean al unísono. Este fenómeno se denomina **sincronización del ritmo**. Parece que, en términos de energía, a la naturaleza le resulta más económico que los acontecimientos, periódicos tengan una frecuencia lo suficientemente cercana como para producirse en fase o al mismo paso. Este es el significado de la sincronización del ritmo.

Pongamos otro ejemplo. Cuando se construyen circuitos electrónicos que contienen osciladores (del tipo electrónico habitual en los circuitos de radio o TV), que pueden oscilar en frecuencias lo suficientemente cercanas entre sí, los osciladores tenderán a acoplarse unos a otros y oscilar a la frecuencia de uno de ellos. Normalmente, será el oscilador más rápido el que obligue a los más lentos a funcionar a su ritmo. También en este caso, la Naturaleza considera que es más económico que dos o cualquier número de osciladores que vibren a frecuencias suficientemente cercanas trabajen juntos, en vez de insistir en mantener sus pequeñas diferencias.

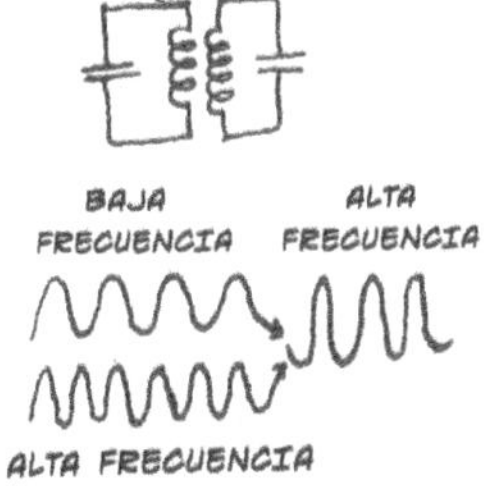

En la Naturaleza se producen importantes efectos de sincronización del ritmo. Nuestros ritmos biológicos se ven afectados por la luz y, en cierta medida, por los efectos gravitatorios. Estos son los dos factores más evidentes. Sin embargo, los efectos magnéticos, electromagnéticos, atmosféricos y geofísicos sutiles influyen en nosotros de formas que aún no conocemos bien. Normalmente, nos levantamos con la luz del día y nos vamos a dormir por la noche. Los ciclos de sueño-vigilia de animales y aves están más ligados al ciclo luz-oscuridad que los de nuestra humanidad "civilizada", porque hemos desarrollado fuentes artificiales de luz y podemos cambiar nuestro ciclo luz-oscuridad a voluntad. Sin embargo, todos sabemos que cuando nuestro ciclo luz-oscuridad, que hace funcionar nuestros relojes biológicos, se altera drásticamente, como cuando tomamos un largo vuelo en dirección este-oeste y cruzamos varios husos horarios, tal interferencia en nuestro biorritmo tiene un efecto bastante marcado en nuestra capacidad para funcionar en el nuevo entorno durante uno o dos días.

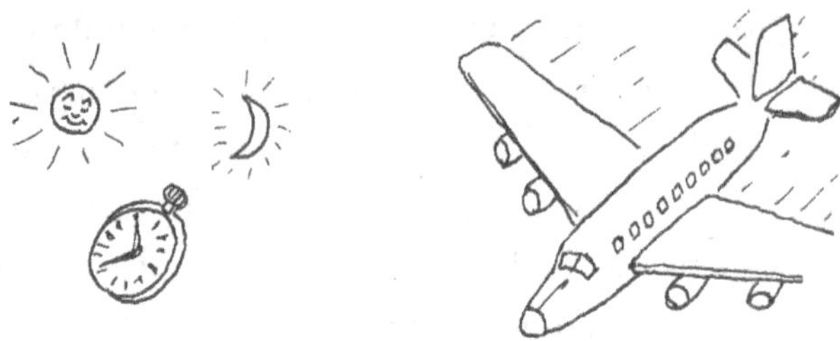

El profesor Frank Brown, Jr., de la Universidad de Northwestern, en Evanston, Illinois*, llevó a cabo un interesante experimento. Para comprobar qué factores influyen en el biorritmo de los animales, hizo que le enviaran ostras vivas desde el estrecho de Long Island, a una distancia de unos 1 600 kilómetros en dirección este-oeste. Estas ostras abren y cierran sus valvas al ritmo de las mareas. Los animales se transportaron en contenedores herméticos y opacos llenos de agua de mar. A su llegada, se almacenaron en un laboratorio sin luz natural. En un primer examen, las ostras, adaptadas, seguían abriendo y cerrando sus valvas al ritmo de las mareas en el estrecho de Long Island. Al cabo de unas dos semanas empezaron a cambiar su ritmo, y tiempo después se estabilizaron en un ritmo que coincidía con el paso de la luna sobre Evanston, Illinois. En este caso, podemos suponer que las ostras están stidas a un ritmo sincronizado por los efectos gravitatorios de la luna.

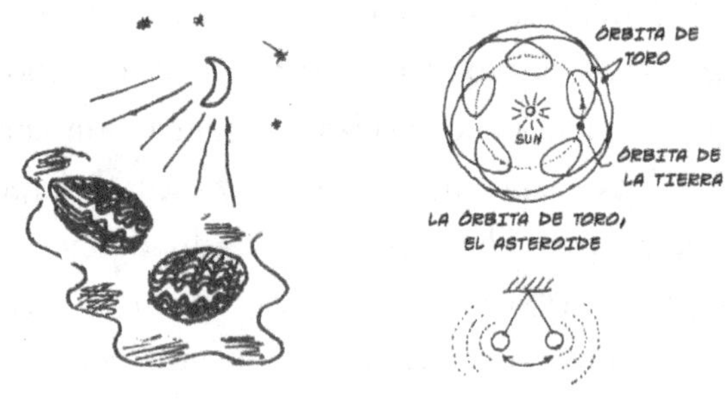

* Gauquelin, Michel. *Los relojes cósmicos.* Barcelona: Plaza & Janés, 1978.

Sin embargo, no solo nosotros y las diminutas criaturas de este planeta estamos sincronizados con el ritmo. Los grandes y poderosos asteroides y los propios planetas también lo están y desarrollan resonancias en sus órbitas a medida que rotan alrededor del sol. Los asteroides, que son planetas menores, no solo reaccionan a la atracción gravitatoria del sol, sino que también se ven fuertemente afectados por los campos gravitatorios de los planetas mayores. Deben bailar, por así decirlo, al son de dos maestros, por lo que desarrollan pequeñas danzas al son de la música de las esferas, en las que rinden tributo a las fuerzas implicadas. Entran en órbitas resonantes y describen pequeños bucles alrededor de los planetas, dentro de su bucle mayor alrededor del sol.

Todos los fenómenos descritos en este capítulo son de naturaleza periódica y repetitiva. Hemos hecho una generalización al principio, al decir que cuando se produce un movimiento rítmico de este tipo afecta a su entorno, ya sea este aire, agua, sólidos, campos electromagnéticos o gravitatorios. En el caso del aire, el agua o un sólido, estas vibraciones afectarán únicamente a nuestro entorno cercano y pueden denominarse "sonido". Si agitamos nuestros campos electromagnéticos o gravitatorios, la perturbación en el ambiente viajará más rápido y más lejos. Seguiremos aplicándole el término "sonido", aunque será un sonido de otro tipo, ya que viajaría a la velocidad de la luz. De hecho, podríamos asociar toda nuestra realidad con sonidos de un tipo u otro, porque nuestra realidad es una realidad vibratoria, y no hay nada estático en ella. Empezando por el núcleo de un átomo, que vibra a enormes velocidades, los electrones y las moléculas están todos asociados a ritmos vibratorios característicos. Un aspecto muy importante de la materia es la energía vibratoria.

Cuando pensamos, nuestro cerebro produce corrientes eléctricas rítmicas. Con sus componentes magnéticos, se propagan por el espacio a la velocidad de la luz, al igual que las ondas eléctricas o los sonidos producidos por nuestros corazones. Todas ellas se entremezclan para formar enormes patrones de interferencia, que se extienden y se alejan del planeta.

Es cierto que son débiles, pero están ahí. Cuanto más afinados estén nuestros sistemas, más clara será la señal que podamos captar del puedan general y del revoltijo de "sonidos". Cuando tenemos un sistema de **osciladores sintonizados**, podemos captar hasta la señal más pequeña. Recuerda que se necesita muy poca energía de la frecuencia adecuada para manejar un sistema resonante.

Nuestro propio planeta produce ondas de choque en el plasma* que llena el sistema solar. Estas ondas de choque interactúan con las producidas por otros planetas, y provocan resonancias entre los planetas y los asteroides. En resumen, toda nuestra realidad se basa en un factor común, que es el cambio periódico, o sonido. Nuestros sentidos están preparados para responder a todos estos "sonidos" diferentes, pero siempre estamos comparando un sonido con otro. Solo podemos apreciar las **diferencias de sonido**.

* El término plasma se refiere a un gas tenue que contiene partículas cargadas.

Resumen

Hemos visto varias formas de producir sonido. Sabemos que cuando una cuerda o cualquier otra estructura vibra, puede desarrollar **ondas estacionarias.** Se trata de ondas que ocupan una posición "fija" en cualquier estructura, ya sea una cuerda, una placa, un recipiente lleno de un líquido o un vaso sanguíneo.

Los **nodos** son los puntos en los que se produce el mínimo movimiento.

Cuando se superponen conjuntos de ondas, se producen **patrones de interferencia.**

Un **holograma** es un patrón de interferencia de ondas de luz sobre una placa fotográfica.

Cuando se superponen dos frecuencias diferentes, se producen **frecuencias de batido.**

La **coherencia** es un comportamiento en paso o en fase de las ondas.

Los **osciladores** son dispositivos que se mueven de forma periódica y repetitiva entre dos puntos de reposo. Nuestro cuerpo también es un dispositivo de este tipo.

Los osciladores que vibran desfasados entre sí pueden entrar en fase mediante la **sincronización del ritmo.**,

Un sistema de osciladores en fase puede **resonar.**

Nuestra realidad es una realidad vibratoria, llena de "sonidos" de distintos tipos.

Nosotros reaccionamos a las **diferencias** entre estos sonidos.

2. UNA MIRADA A TRAVÉS DE UN SUPERMICROSCOPIO

En el último capítulo nos armamos con el conocimiento del comportamiento del sonido y la vibración. Podríamos darle un buen uso a este conocimiento buscando en el cuerpo vivo cosas como ondas estacionarias, resonancias, sincronización del ritmo, etc. Supongamos que tomamos un microscopio imaginario muy especial, que puede hacer aumentos tales que los átomos individuales puedan observarse con facilidad. Observemos un tejido vivo expuesto. Cuando utilizamos poco aumento vemos una red irregular de pequeños vasos sanguíneos, trozos de tejido conectivo y algo de tejido muscular y hueso. Por todas partes observamos un poco de sangre, y la impresión general es bastante irregular y pegajosa. Enfoquémonos ahora en un poco de tejido muscular y empecemos a aumentar la visibilidad. El músculo viscoso se convierte de repente en fibras musculares muy organizadas y bien alineadas. Un poco más de aumento mostrará fibras prolongadas, compuestas de moléculas largas en forma de espiral, dispuestas en conjuntos regulares. Con un poco más de aumento vemos que el pequeño trozo de tejido muscular pegajoso se ha convertido en un material muy ordenado, prácticamente cristalino*. Al aumentar aún más, vemos pequeños átomos que vibran en grupos localizados en las largas moléculas en espiral. Secciones enteras de moléculas ondulan regularmente; todo está en movimiento

* ¿Recuerdas cómo en el capítulo 1 hicimos el modelo de un cristal mediante un patrón de interferencia de sonido en una caja (Fig. 5)?

constante, muy rápido, pero muy ordenado. Este movimiento vibratorio se produce muchos millones de veces por segundo.

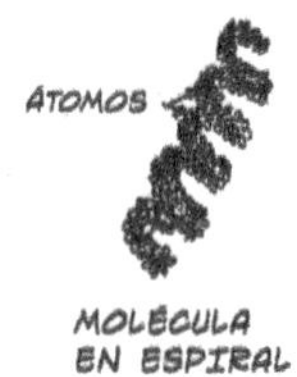

Si ahora aplicamos un imán a este trozo de músculo, notaremos enseguida un cambio muy leve en la ondulación de los segmentos moleculares. Si aplicamos un campo eléctrico, los resultados serán similares. Estamos cambiando el movimiento ondulatorio de los segmentos moleculares. Es posible que este efecto se deba a que hemos cambiado ligeramente las órbitas de los electrones exteriores de los átomos que componen estas largas moléculas.

Aumentemos ahora la visibilidad sobre un pedazo de hueso. Muy pronto aparecerá un orden: cristales óseos muy organizados, incrustados como joyas en redes de largas cuerdas moleculares. Todo vibra. Supongamos ahora que aplicamos un campo eléctrico* al hueso. En cuanto lo hacemos, el cristal cambia de longitud. Se contrae o se estira instantáneamente en respuesta al campo. Un poco más de aumento nos dará una visión aún mejor de este cristal: vemos los átomos serpenteando de un lado a otro, como un sembradío de trigo maduro mecido por el viento. Se mueven al unísono y con un hermoso ritmo. La energía acústica fluye a través del cristal.

A continuación, nos centramos en los átomos. Al principio aparecen como esferitas borrosas que vibran alrededor de puntos fijos de la molécula. A medida que aumentamos la imagen, vemos cada

* Un campo eléctrico es una región en la que existen fuerzas eléctricas. Un campo de este tipo ejerce una fuerza sobre cualquier partícula cargada con electricidad que se encuentre en su interior.

vez menos. De cierto modo, la armazón del electrón se ha disuelto y lo que miramos es el vacío. Al aumentar aún más, vemos algo diminuto que se mueve. Nos enfocamos en lo que sospechamos que es el núcleo del átomo, situado en este vasto espacio de su interior.

Supongamos, que el diámetro del núcleo de un átomo de hidrógeno es de 1 mm, entonces el diámetro de la órbita del electrón será de unos 10 metros, una proporción de 1 a 10 000, y el espacio intermedio está vacío.

A medida que nos acercamos a cero y lo ampliamos aún más, el núcleo vibrante parece disolverse. Observamos una pulsación imprecisa; un poco más de aumento y el núcleo casi desaparece. Estamos percibiendo la pulsación de alguna energía; parece ser un campo que pulsa rápidamente. Pero ¿a dónde ha ido a parar el hueso? Pensamos que estábamos ante un fragmento sólido de materia.

Pues bien, aparentemente la auténtica realidad —la microrealidad, lo que subyace a toda nuestra realidad sólida, segura y basada en el sentido común— está compuesta, como acabamos de comprobar, ¡por un vasto espacio vacío, lleno de campos que oscilan! Muchos tipos diferentes de campos, todos interactuando entre sí. La más mínima perturbación en un campo se transmite a los demás. Es una red de campos entrelazados, cada uno pulsando a su propio ritmo, pero en armonía con los demás; sus pulsaciones se extienden cada vez más lejos, por todo el cosmos.

Cuando un foco de perturbación tiende a sacar estos campos de su ritmo armonioso, la irregularidad se extiende y altera los campos vecinos. Tan pronto como se elimine la fuente de perturbación, el ritmo ordenado volverá al sistema. A la inversa: cuando se aplica un fuerte ritmo armonizador a esta matriz de campos entrelazados, su influencia armónica es capaz de sincronizar partes del sistema que pudieran haber estado vibrando fuera de tono. Pondrá más orden en el sistema.

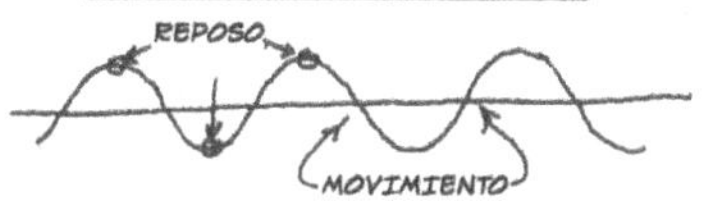

Podríamos considerar que las enfermedades son resultado de un comportamiento fuera de tono de este tipo en alguno de nuestros órganos corporales. Cuando se le aplica un fuerte ritmo armonizador, el patrón de interferencia de ondas, que es el órgano, puede empezar a latir afinado de nuevo. Este puede ser el principio de la sanación psíquica.

Por tanto, al realizar un viaje imaginario a una imagen altamente amplificada de nuestra realidad "sólida", encontramos una nueva realidad subyacente. Nuestra realidad sólida se disolvió en una matriz de campos de energía que pulsan con rapidez, un patrón de interferencia de ondas que llenaban el vasto vacío de nuestros cuerpos y continuaban más allá de ellos, de forma más diluida. También hemos visto que la aplicación de cualquier tipo de energía a esta matriz de campos afectará, de alguna manera, el comportamiento de nuestra —hasta ahora bastante abstracta— "materia" o tejido. Sin importar si esa energía es eléctrica, magnética, gravitacional o acústica, siempre interactuará y nos afectará de alguna manera, ya sea que se aplique a distancia o directamente sobre nuestra piel.

Ahora bien, no debe extrañarnos el comportamiento de las ostras de Long Island del doctor Brown. Los cambios gravitatorios en el campo de la Tierra, causados por la luna, penetran con facilidad en toda nuestra materia, por lo que no es raro que hayan sincronizado las ostras para que se abrieran y cerraran a la hora de Chicago.

Por supuesto, nuestro cuerpo está compuesto por muchas clases de tejidos. Algunas de ellas interactuarán más con un tipo de energía vibratoria que con otro. Por ejemplo, ciertas radiaciones penetrarán en nuestra piel a diferentes profundidades. Los rayos ultravioleta afectarán una capa de nuestra piel y no otra, penetrando a distinta profundidad. Las ondas de sonido penetran y se reflejan mejor en unos tejidos que en otros. El cuerpo, en su conjunto, se verá impactado por efectos gravitatorios o magnéticos. Nuestra psique puede reaccionar con fuerza ante ese efecto, por pequeño que sea. Basta con revisar los registros policiales respecto del impacto que tiene la luna llena sobre la tasa de delitos o la incidencia de la violencia en los pabellones psiquiátricos de los hospitales. En ambos casos se produce un gran incremento.

Parece que la luna llena tiene un efecto más fuerte; la luna nueva, uno menor, pero en ambos casos se producen consecuencias por encima de la media. Antes hemos hablado del movimiento rítmico de nuestro cuerpo y de nuestro cráneo, que acelera la oscilación ascendente y descendente de nuestro cerebro. La fuerza que causa esta aceleración es mucho mayor que el efecto que ejerce la lejana luna sobre nosotros. Así, la influencia gravitatoria de la luna tiende a afectar esta fuerza muy levemente, pero parece suficiente para impactar a nuestra psique con gran potencia. Naturalmente, no todas las personas reaccionan a la luna con la misma intensidad. El efecto más fuerte se encuentra en individuos muy emocionales o emocionalmente desequilibrados.

Veamos ahora los campos que encontramos fuera de nuestro cuerpo.

Los campos electromagnéticos y electrostáticos que componen y dan forma a nuestro cuerpo son relativamente fuertes y sirven para mantener unidos nuestros átomos y moléculas. Se debilitan al salir de nuestro cuerpo. Estamos rodeados e impregnados por diversos campos:

1. El denominado campo estático isoeléctrico del planeta.
2. Los campos electrostáticos creados por nuestros cuerpos.
3. El campo magnético de la Tierra.
4. El campo electromagnético, con un espectro muy amplio, que va desde la onda muy lenta, causada por perturbaciones en la atmósfera, y que pasa por el espectro de la luz visible y llega hasta la radiación ultravioleta y de frecuencias más elevadas.
5. Los campos gravitatorios de la Tierra, la luna y los planetas vecinos y el sol.
6. Los campos electromagnéticos creados por los seres humanos: los diferentes campos de emisión de las redes de radio y televisión.

A continuación, nos referiremos a los dos primeros campos. Como sabes, nuestro planeta está rodeado por una capa de partículas con carga eléctrica, denominada ionosfera. La capa inferior de la ionosfera comienza a unos 80 km de la superficie terrestre. Es una capa cargada, y se sabe que refleja las ondas de radio. Por lo tanto, es esencial para la comunicación por radio en todo el mundo. Sin embargo, a nosotros nos interesa otro aspecto de esta capa.

Al tratarse de una capa muy cargada, forma un condensador con la Tierra (Fig. 17). Esto significa que existe una diferencia de potencial eléctrico entre ambas, ya que la Tierra está cargada negativamente y la ionosfera positivamente. Esta diferencia de potencial se distribuye de manera uniforme a lo largo de la

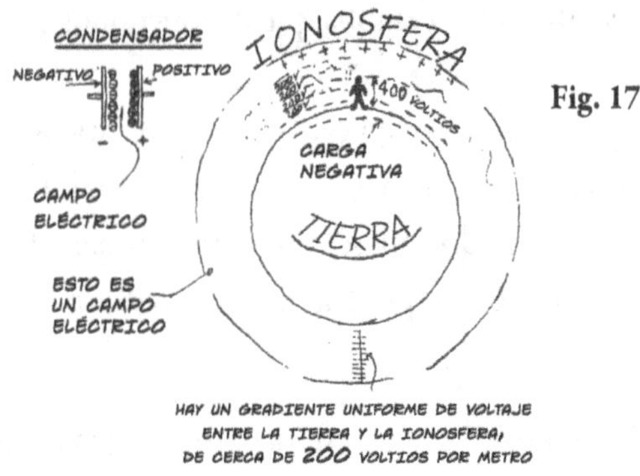

Fig. 17

distancia entre la Tierra y la ionosfera, y alcanza unos 200 voltios por metro. Cuando estamos sobre la Tierra nos movemos constantemente dentro de este campo, que es, por así decirlo, muy "rígido". Esto significa que se comporta como una gelatina bastante tensa. Todos hemos tenido la experiencia de sostener un plato con gelatina, y sabemos lo sensible que es a las vibraciones. Visualiza unas cuantas uvas pasas incrustadas en esta gelatina. Si tocas una de esas uvas pasas, comenzará a vibrar; enseguida, verás que todas las demás uvas pasas que están dentro de la gelatina también vibran. Podemos añadir que las uvas pasas están muy bien **acopladas** a este campo de gelatina. Por acoplamiento queremos decir que hay una buena conexión entre la uva pasa y la gelatina, que la transferencia de energía entre ellas es buena. No pueden hacer el más mínimo movimiento sin que la gelatina lo transmita a las otras uvas pasas.

El campo electrostático del planeta es como la gelatina rígida. Cuando nuestros cuerpos se mueven y vibran, estos movimientos se transmiten al entorno, incluidos todos los organismos humanos y animales presentes en este planeta. Estos campos no solo inciden en nuestros cuerpos, sino que también afectan las cargas en su interior. Pero ¿hasta qué punto es eficaz este acoplamiento? ¿No podemos hacer el más mínimo movimiento sin que nos detecten? ¿Qué influye en este efecto de acoplamiento? De hecho, el acoplamiento es bastante bueno. Nuestras mediciones han demostrado que cuando un cuerpo humano está sobre el suelo, en condiciones normales, se halla eléctricamente conectado a la Tierra. Actúa como un disipador para el campo electrostático y distorsionará un poco las líneas de fuerza. Pero si nuestros cuerpos tuvieran una carga, la interacción sería más fuerte, independientemente de la polaridad de la carga.

Resulta que nuestros cuerpos tienen carga. Mientras están vivos, no dejan de producir un campo a su alrededor. Hoy en día, el campo electrostático del cuerpo puede evaluarse fácilmente con medidores de estática disponibles en el mercado. En nuestro laboratorio hemos construido un dispositivo especial para medirlos (Fig. 18).

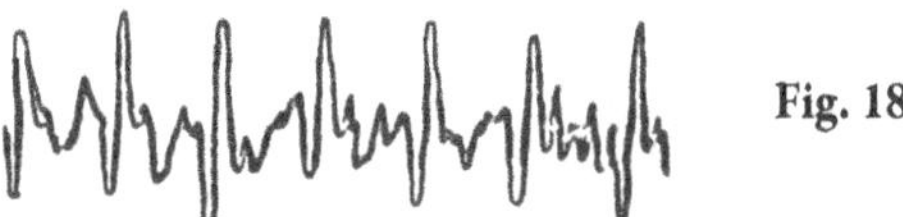

Fig. 18

He aquí una lectura tomada por este dispositivo. Podemos medir la perturbación producida por nuestro cuerpo en el campo electrostático*. El aparato es lo suficientemente sensible como para poder captar esta señal a una distancia del cuerpo de entre 40 y 46

* De manera más correcta, este campo se denomina campo electrodinámico, y es causado por el movimiento de nuestros cuerpos.

centímetros. Una vez más, las ondas más grandes son producidas principalmente por la reacción del cuerpo ante la expulsión de sangre del ventrículo izquierdo. La intensidad de esta señal varía en función de la distancia respecto del cuerpo. En la figura 19 se muestra cómo cambia.

Observamos que, a medida que nos acercamos al cuerpo con el sensor, se produce un incremento gradual de la señal. De repente, a unos 10 cm del cuerpo, ocurre un aumento brusco. Este aumento se producirá aproximadamente a 0,63 cm del sensor. La intensidad de esta señal depende, en gran medida, de la vitalidad del sujeto. Una persona rebosante de energía producirá una gran señal, mientras que otra cuya vitalidad sea baja no producirá prácticamente señal alguna.

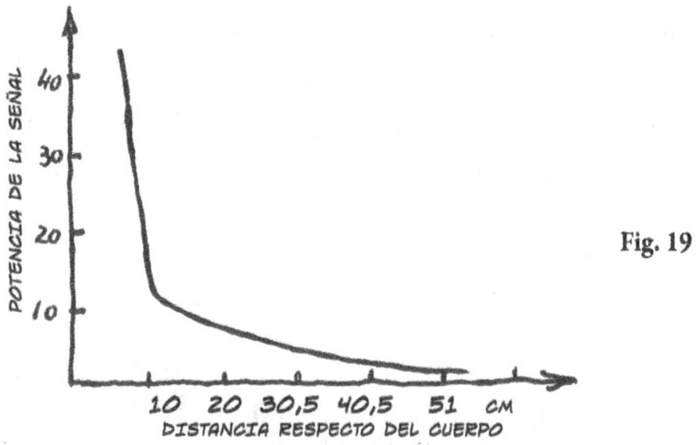

Fig. 19

Así pues, tenemos un campo electrostático alrededor del cuerpo. Este campo nos acopla bien con el campo isoeléctrico del planeta, lo que significa que los movimientos de nuestro cuerpo se transmiten a lo largo y ancho de la Tierra. Naturalmente, se trata de una señal muy débil.

Recuperemos ahora los comentarios que hicimos en el capítulo 1 sobre los sistemas resonantes. Recordarás que cuando tenemos lo que se llama un "sistema sintonizado", que consiste en al menos dos osciladores de frecuencias resonantes idénticas, si uno de los osciladores empieza a emitir, los otros se activarán muy pronto en respuesta a esa señal. En otras palabras, el acoplamiento entre ellos es ideal. Tales sistemas responderán a las más mínimas notas y empezarán a resonar.

Recuerda también el caso de los relojes de péndulo colgados en la pared, cuyo ritmo se sincroniza mutuamente. Dijimos también que la frecuencia de resonancia de la Tierra —la cavidad de la ionosfera— es de unos 7,5 ciclos por segundo, y que el micromovimiento del cuerpo es de entre 6,8 y 7,5 Hz. Esto sugiere que existe un sistema resonante afinado. Podemos afirmar que, en la meditación profunda, el ser humano y el sistema planetario empiezan a resonar y a transferir energía. Esto ocurre en una longitud de onda muy larga, de unos 40 000 km, o sea, aproximadamente el perímetro del planeta. En otras palabras, la señal del movimiento de nuestros cuerpos viajará alrededor del mundo en aproximadamente la séptima parte de un segundo a través del campo electrostático en el que estamos inmersos. Una longitud de onda tan larga no conoce obstáculos, y su fuerza no se atenúa mucho a grandes distancias. Naturalmente, lo atraviesa todo: el metal, el hormigón, el agua y los campos que componen nuestro cuerpo. Es el medio ideal para transmitir una señal telepática.

Hemos dicho anteriormente que si dejamos de respirar, la amplitud del micromovimiento se multiplica aproximadamente por tres, porque el cuerpo entra en resonancia y su movimiento se vuelve muy regular. ¿Este estado de resonancia podría prolongarse de algún modo?

Estados meditativos

Las técnicas para extender este estado resonante armonioso se conocen desde hace miles de años. Se trata de las diferentes técnicas de meditación, que ralentizan el ritmo metabólico del cuerpo, de modo que se necesita mucho menos oxígeno para mantenerlo en funcionamiento. Además, a medida que se domina la meditación, la respiración se vuelve tan suave que no perturba el estado resonante de la aorta. Aparentemente, se desarrolla un proceso automático en el que los pulmones y el diafragma regulan el sistema corazón-aorta para mantenerlo bien sintonizado y prolongar así el comportamiento resonante, a pesar de que se hagan algunas respiraciones poco profundas. El estado de resonancia se aplicará de modo natural a todo el cuerpo. El esqueleto y todos los órganos internos se moverán **coherentemente** a unos siete ciclos por segundo. Sucede que la frecuencia natural del cuerpo normal parece encontrarse en este rango. Por lo tanto, el sistema corazón-aorta requiere muy poco esfuerzo para impulsar el cuerpo a este ritmo. Es similar a empujar un columpio en el tiempo correcto. Las interferencias destructivas que se producen normalmente cesan, y el cuerpo empieza a actuar de una forma cada vez más coherente.

El estado de resonancia del cuerpo parece ser un estado muy reparador y beneficioso. Estudios científicos recientes*

* Bloomfield, Harold, et al. TM. *Descubrimiento de la energía interna y superación del estrés*. Barcelona: Grijalbo, 1991.

demuestran que la meditación no solo tiene efectos subjetivos, sino también fisiológicos muy marcados, además de calmar los nervios irritados y reducir la tensión arterial. Provoca, de forma lenta pero segura, lo que denominaremos "elevación de los niveles de consciencia". Para diferentes individuos, esto ocurrirá a ritmos distintos. Las personas sensibles, con sistemas nerviosos delicados, sentirán estos efectos antes que las demás. Sin embargo, tarde o temprano, un gran porcentaje de los practicantes descubrirán que se les abren nuevos y amplios horizontes interiores, que llenarán sus vidas hasta un grado que antes no podían imaginar. En los próximos capítulos se hablará más de ello.

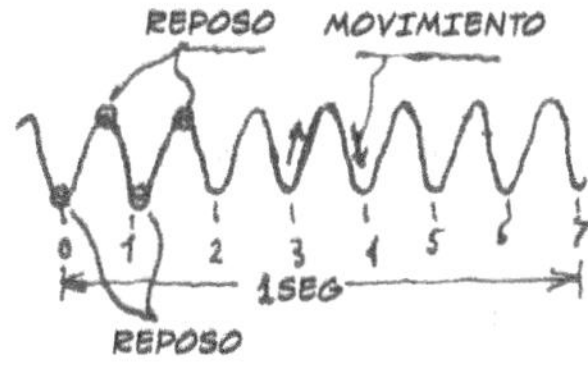

TENEMOS APROXIMADAMENTE 14 PERÍODOS DE REPOSO Y 14 PERÍODOS DE MOVIMIENTO POR SEGUNDO

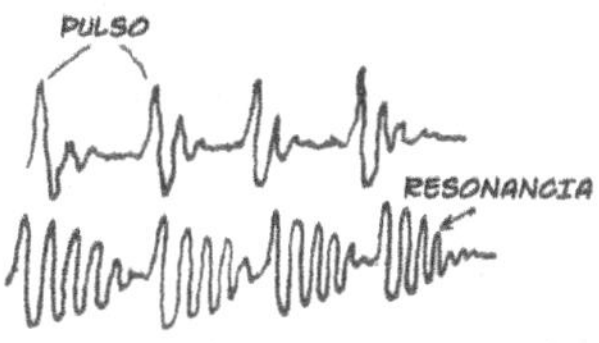

Pero volvamos ahora al movimiento del cuerpo. Hemos dicho que cuando un cuerpo cargado vibra, se acopla bien con el campo electrostático del planeta. Esta vibración provoca una onda o señal repetitiva regular, que se propaga dentro de este campo.

Esta señal tendrá, naturalmente, la tendencia a sincronizarse con cualquier "cuerpo" que vibre en frecuencias cercanas a ella. En otras palabras, si en las proximidades o en cualquier parte del globo hay otras personas que estén meditando y se aproximen a esta frecuencia resonante, serán empujadas a esa frecuencia y se entrelazarán en ella. Por lo tanto, podemos decir que un núcleo de cuerpo o cuerpos en meditación emitirá un movimiento armónico simple o un "sonido" de aproximadamente 7 Hz a través del campo electrostático del planeta. Esta emisión sincronizará a los demás y les ayudará en su esfuerzo por alcanzar el estado de resonancia. Cuantos más cuerpos queden así entrelazados, más fuerte se hará la señal. Debido a las diferentes zonas horarias alrededor del globo, siempre hay algunas personas resonando y manteniendo este "sonido" en funcionamiento. Cuando aprendamos a ver el planeta como un ser consciente (hablaremos de ello en el siguiente capítulo), nos daremos cuenta de que a la Tierra le complace enormemente tener tal acompañamiento en su melodía.

Resumen

Cuando amplificamos mucho nuestra materia física, descubrimos que estamos hechos, en su mayor parte, de vacío permeado por campos oscilantes. De esto se compone la **realidad física objetiva**.

Esta matriz de campos oscilantes, que es el cuerpo humano, se ve fácilmente influida por campos exteriores, ya sean naturales, como los cambiantes campos electromagnéticos de baja frecuencia generados por los patrones meteorológicos, o por los cambiantes campos magnéticos y gravitatorios afectados por la luna y el sol; o puede verse influida por campos artificiales producidos por el ser humano, como los campos de transmisión de las redes de radio y televisión.

Nuestro cuerpo genera sus propios campos electrostáticos.

Cuando estamos en estado de meditación, nuestro cuerpo entra en resonancia con el campo eléctrico del planeta.

3. CÓDIGO MORSE DE ACTIVIDAD Y REPOSO

Recordarás que en el capítulo anterior comentamos que nuestros cuerpos físicos y toda la materia están compuestos por campos electromagnéticos interactuantes que vibran a frecuencias extraordinarias. A temperatura ambiente, un átomo vibra a una frecuencia de 10^{15} Hz (esto significa 1 seguido de quince ceros). El núcleo de un átomo vibrará a unos 10^{22} Hz. Son velocidades casi inconcebibles. En el proceso de inventar sistemas vivos, la Naturaleza tuvo que idear órganos sensoriales que permitieran que los seres vivos interactuaran con su entorno. Tuvo que utilizar bloques de construcción disponibles que, como hemos visto, se agitan mucho. Para comunicarse con una mente lenta, la Naturaleza ha renunciado, en gran medida, a la enorme capacidad de tratamiento de la información inherente a la propia materia. Si un átomo vibra un millón de millones de veces por segundo (10^{15} Hz), eso significa que ocupa dos estados distintos tantas veces por segundo. En otras palabras, puede decir, por ejemplo: "Sí, no, sí, no" tantas veces por segundo. Ahora bien, si pudiéramos utilizar toda esta capacidad superponiendo una modulación a este comportamiento rápido que, a su vez, provocara una alteración en él, ya sea en amplitud o en frecuencia, tendríamos un dispositivo de comunicación muy veloz. Esta velocidad se utiliza en las interacciones moleculares, pero nuestros órganos sensoriales son desesperadamente lentos para manejar de modo directo la avalancha de tanta información.

Pues bien, tras muchos experimentos, la Naturaleza ha dado con una solución razonable. Ha unido los átomos en moléculas, que tienen índices de vibración bastante más bajos debido a que su masa es mucho mayor. A partir de estas moléculas, que siguen vibrando a gigahercios (10^9 Hz), ha creado células vivas, que son los componentes básicos de todos los organismos. Luego vinieron las células nerviosas especializadas, o neuronas. El resultado fue un sistema nervioso rudimentario que traducía la información sensorial en un lento código morse, del tipo de **acción y reposo**. Este fue un proceso gradual de reducción de las altas frecuencias vibratorias de los átomos hasta las frecuencias vibratorias "razonables" de las moléculas, para alcanzar la respuesta de frecuencia "aceptable" de las células (que está en el rango de 10^3 Hz) para una célula viva ensamblada. En otras palabras, una célula será capaz de reaccionar a estímulos a esa frecuencia.

Es muy posible que las sensaciones que no nos llegan directamente a través de los órganos sensoriales —como un malestar general o los sentimientos de ansiedad y fatalidad, inquietud o euforia— procedan de otro tipo de mecanismo. Estas sensaciones podrían ser evocadas por la fluctuación de los diferentes campos en los cuales estamos inmersos, y por el índice de vibración de las estructuras moleculares del cerebro o de las glándulas endocrinas.

En el capítulo anterior mencionamos el efecto de la luna sobre las emociones. Los cambios en el campo electrostático también pueden provocar efectos como la lasitud o la euforia.

Los órganos sensoriales

Como recordarás de las clases de biología, nuestro sistema sensorial está compuesto por un conjunto de células nerviosas sensoriales situadas en los lugares adecuados de nuestros órganos sensoriales. Las células están conectadas por largos filamentos nerviosos que se unen en manojos con filamentos vecinos, los cuales acaban llegando a la columna vertebral para formar la médula espinal y, a continuación, ascienden hasta las distintas áreas del cerebro.

Los estudios fisiológicos demuestran que cuando no se estimula una célula nerviosa sensorial, su emisión consistirá en impulsos eléctricos dispersos y espaciados irregularmente o, como se les llama, **espigas** (Fig. 20). Sin embargo, si aplicamos presión o cualquier otro estímulo a esa célula nerviosa, su emisión se volverá muy rápida. Con cada estímulo, la célula disparará descargas de espigas muy próximas entre sí. Su frecuencia por unidad de tiempo dependerá de la intensidad del estímulo (Fig. 21).

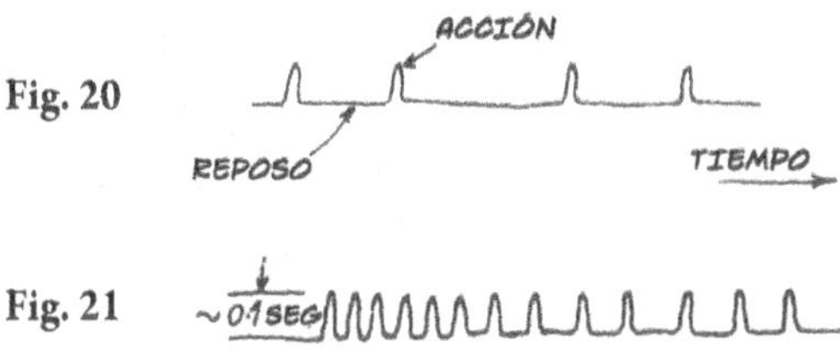

Fig. 20

Fig. 21

Todo nuestro sistema sensorial funciona de este modo, ya se trate de una entrada óptica a través de los ojos, acústica a través de los oídos, o táctil a través de la piel; el resultado final es una serie de espigas conducidas a la zona apropiada del cerebro. En resumen, nuestros sentidos nos traducen la realidad circundante a un lenguaje en **código morse de acción y reposo.** La acción se produce cuando la neurona dispara su espiga, y el reposo cuando la célula se regenera y se prepara para el siguiente disparo. A partir de este código de acción y reposo, nuestro cerebro construye para nosotros, por ejemplo, la forma de una rosa, su textura, su color y su olor; es decir, su "rosidad". O construirá para nosotros una imagen vaga de galaxias lejanas que entran por el ocular de un telescopio.

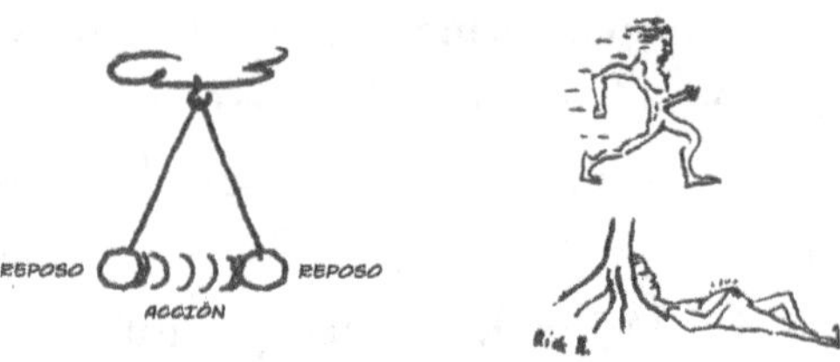

Veamos qué otros sistemas funcionan sobre la base de la acción y el reposo. El más simple parece ser el péndulo. Todos estamos familiarizados con el ritmo relajado del péndulo del reloj del abuelo, que se mueve lentamente de un lado a otro. Se comporta realizando lo que los físicos denominan "movimiento armónico simple".

Coloquemos un peso en una cuerda y pongámoslo en movimiento (Fig. 22), de forma que describa un círculo, que llamaremos trayectoria "A". Este círculo une dos puntos, I y II, en el plano en el que se mueve el péndulo. Empecemos ahora a limitar el movimiento del péndulo, obligándolo a moverse entre dos placas paralelas que se acercan cada vez más entre sí, de modo que su órbita se aplane hasta convertirse en una elipse. Llamaremos a esta trayectoria "B". Si limitamos aún más la órbita del péndulo, acercando más las placas entre sí, obtenemos una órbita elíptica muy alargada, la órbita "C"; y si seguimos restringiendo la libertad de este péndulo, finalmente lo obligaremos a moverse en línea recta, la cual une los puntos I y II.

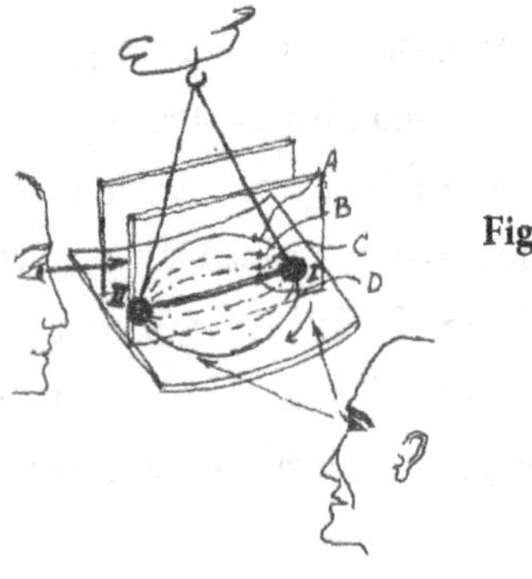

Fig. 22

Lo que hicimos con el desafortunado péndulo fue limitar su libertad y obligarlo a moverse a lo largo de un solo plano. Este movimiento de vaivén entre dos puntos equivale a proyectar el movimiento del péndulo sobre una pantalla plana frente al ojo del observador. Hemos convertido el movimiento circular en un movimiento oscilante al quitar parte de la libertad al péndulo. Sin embargo, no cambiamos el tiempo necesario para la realización de cada movimiento de vaivén; se sigue manteniendo el tiempo correcto. Todo lo que hicimos fue convertir un movimiento periódico circular simple en uno lineal, que sigue siendo un movimiento simple y armónico, generado originalmente por un movimiento circular. De este modo, podemos convertir todo movimiento circular uniforme, ya sea el de un electrón o el de un planeta, en un movimiento armónico simple. La única limitación es que tiene que verse siempre desde el mismo plano y en el mismo ángulo para que dos observadores coincidan en el momento y la posición del péndulo en cada caso. Así pues, entra en juego la subjetividad. Los dos puntos extremos del péndulo, en los que no hay movimiento aparente, son diferentes para los distintos observadores, a menos que el acontecimiento sea observado desde el mismo ángulo. Si el observador mira a lo largo de la dirección del movimiento de vaivén del péndulo mientras se mueve en línea recta entre las placas, no verá movimiento alguno. Podrá ver el péndulo ligeramente más cerca y ligeramente más lejos de sí mismo, pero no verá movimiento lateral alguno. Estará observando los dos puntos de reposo.

Jerarquías de movimiento

En el capítulo 2 describimos que las microrrealidades están constituidas por campos de energía interactivos que pueden representarse como partículas. Estas partículas tienen muchas propiedades. Cuentan con "carga", "espín", "momento magnético", "extrañeza" y, en tiempos recientes, se les han incorporado también las características de "color" y "encanto".

Imaginemos un átomo compuesto por un núcleo y las capas de electrones. Los electrones orbitan rápidamente alrededor del núcleo, al tiempo que giran sobre sus propios ejes. Si observáramos ahora un conjunto de átomos en un cristal, veríamos que vibran alrededor de su posición fija en el entramado de ese cristal. Así, el micronivel de la Naturaleza está representado por dos tipos de movimiento: un movimiento circular de rotación y un movimiento de oscilación debido a la vibración, cada uno alrededor de un punto relativamente fijo.

Subamos un escalón en la jerarquía de las estructuras de la Naturaleza, por ejemplo, hasta las grandes moléculas. Estas moléculas confinan los átomos en posiciones relativamente fijas; cualquier rama libre de esas moléculas tenderá a mostrar movimientos pendulares y de rotación. Los segmentos libres de estas largas moléculas también vibrarán hacia adentro y hacia afuera, de manera similar al movimiento ocasionado al estirar una cuerda que vibra. La velocidad de estos movimientos es mucho más lenta que la velocidad de la órbita del electrón alrededor del núcleo.

Si observamos estructuras vivas simples, como protozoos o plancton, solo encontramos un tipo de movimiento: el movimiento de vaivén del péndulo o de un muelle. Al examinar animales unicelulares simples bajo el microscopio, veremos que sus movimientos son erráticos y que derivan de golpear rápidamente sus flagelos de un lado a otro. Pueden rotar sobre sus ejes, pero esto se debe a la acción oscilante de sus pequeñas "piernas"*. A

* Se ha demostrado que en algunas bacterias existe un dispositivo de rotación. Los flagelos están unidos al cuerpo de la bacteria a través de una articulación rotatoria, que es conducida por un motor rotatorio molecular. Berg, Howard C. "How Bacteriae Swim". *Scientific American*, agosto de 1975, pp. 36–44.

medida que el organismo se hace más complejo y desarrolla un corazón rudimentario, encontramos una pulsación de vaivén del fluido sanguíneo primitivo que, a su vez, provoca un retroceso del cuerpo hacia adelante y hacia atrás.

En todo el reino animal, desde el plancton hasta el ser humano, pasando por el elefante, prevalece el movimiento de oscilación. En las estructuras vivas casi no hay espín. Estamos confinados a un comportamiento pendular o, si se quiere, oscilante.

A medida que ascendemos en la jerarquía de tamaños, y hasta los cuerpos celestes, reaparecen la órbita y el espín. Sabemos que todos los planetas giran alrededor de sus ejes, al tiempo que orbitan alrededor de sus respectivas estrellas. Sabemos que las galaxias giran, al igual que los cúmulos galácticos, y así sucesivamente. En resumen, comprobamos que una de las características únicas de los seres vivos es su movimiento recíproco. Pero ¿la Naturaleza es tan inepta que no pudo inventar una rueda, cosa que nuestros antepasados, muy primitivos, lograron fácilmente? ¿Cómo es posible? ¿O hay algo más de lo que parece?

Al acecho del péndulo errante

Volvamos al viejo reloj del abuelo y con su péndulo, que oscila tranquilamente. Veamos qué tiene de inusual su movimiento. En apariencia, no hay nada raro. Su movimiento puede describirse como una combinación de **movimiento y reposo**. Recordamos vagamente haber oído antes algo parecido.

Analicemos el movimiento del péndulo. A medida que se acerca a su punto de reposo, se ralentiza cada vez más; finalmente, se detiene y comienza a moverse en sentido contrario. Las

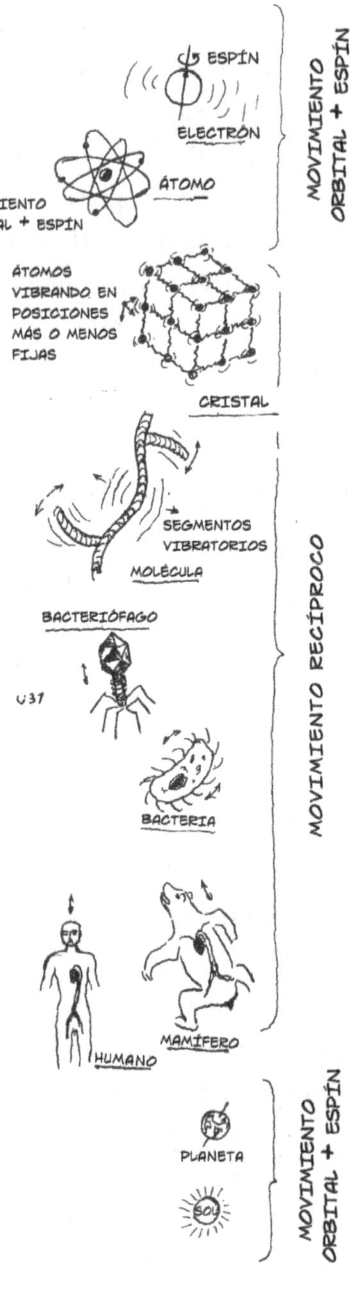
ESPÍN
ELECTRÓN
ÁTOMO
MOVIMIENTO
ORBITAL + ESPÍN
MOVIMIENTO
ORBITAL + ESPÍN
ÁTOMOS
VIBRANDO EN
POSICIONES
MÁS O MENOS
FIJAS
CRISTAL
SEGMENTOS
VIBRATORIOS
MOLÉCULA
BACTERIÓFAGO
BACTERIA
HUMANO
MAMÍFERO
MOVIMIENTO RECÍPROCO
PLANETA
SOL
MOVIMIENTO
ORBITAL + ESPÍN

leyes de la mecánica clásica nos dicen que en el punto de reposo, la aceleración del cuerpo es máxima, lo mismo que su energía potencial; su velocidad es cero y el tiempo necesario para cambiar la velocidad del péndulo es cero. Si analizamos los acontecimientos que tienen lugar en el punto cero desde la perspectiva de la mecánica cuántica, obtenemos una imagen diferente. Consideremos la masa del péndulo como un punto matemático, es decir, un punto demasiado pequeño para ser medido (un punto adimensional) y sigamos su progreso a medida que se desacelera. Evidentemente, al acercarse a su estado de inflexión, el punto recorrerá una distancia cada vez menor por unidad de tiempo. Pero la mecánica cuántica nos dice que cuando las distancias descienden por debajo de la distancia de Planck, que es de 10^{-33} cm, entramos, en efecto, en un mundo nuevo. La relación causal entre los acontecimientos se rompe; los movimientos se vuelven erráticos en lugar de regulares. El tiempo y el espacio pueden volverse "granulosos" o "grumosos". Tal vez una partícula de materia pueda recorrer un fragmento de espacio en cualquier dirección, sin estar necesariamente sincronizada con un fragmento de tiempo. En resumen, un par de acontecimientos se producirían en el tiempo o en el espacio, sin que estuvieran conectados por una causa, sino por una fluctuación aleatoria. Supongamos, en efecto, que un punto material puede atravesar el espacio, sin que el proceso requiera, necesariamente, ningún fragmento de tiempo para el proceso. Si esto ocurre, se habrá atravesado un trozo de espacio sin que haya transcurrido tiempo alguno. Si dividimos esa pequeña parte de distancia en tiempo cero, nos encontramos con que el acontecimiento se ha producido a velocidad infinita. En otras palabras, por muy corta que sea la distancia, cuando nos movemos por el espacio sin consumir tiempo, ¡el acontecimiento se produce a velocidad infinita!

En física existe un principio que establece que cualquier acontecimiento que no esté prohibido por las leyes de esa disciplina, ¡deberá ocurrir! ¿Qué sucede entonces con el péndulo? Todos sus puntos se comportan de la misma manera; por lo tanto, todo él debe moverse a una velocidad infinita durante una pequeña fracción de segundo. ¿Puede un objeto físico moverse más rápido que la velocidad de la luz?

Veámoslo desde otro ángulo. Hemos oído hablar del principio de incertidumbre de Heisenberg. Este principio establece que, al intentar medir dos parámetros de una partícula —por ejemplo, su *momentum* y su posición— nos encontramos con que, cuanto más exactamente podemos medir su *momentum*, menos podemos saber sobre su posición, y viceversa (*momentum* significa, simplemente, masa x velocidad).

Si queremos medir el *momentum* o la posición de una partícula, solo podremos evaluar con precisión una de estas cantidades. Si conocemos el *momentum* exacto de una partícula, su posición es completamente indefinida o incognoscible, y viceversa. Este es un ejemplo de las extrañas maneras en la que se comportan las partículas de tamaño atómico o inferior.

Sabemos que, en reposo, cuando el péndulo cambia de dirección, su velocidad es cero. Pero el *momentum*, al menos a baja velocidad, es igual a la **velocidad** multiplicada por la **masa**. Sin embargo, si multiplicamos cualquier cantidad por cero, obtenemos cero. Por tanto, ya hemos establecido que el *momentum* del péndulo en ese punto es cero; es decir, conocemos su valor con mucha precisión: **cero**. Pero hemos dicho antes que, si conocemos con exactitud el *momentum* de una partícula, entonces su posición se vuelve difusa y completamente indefinida. En otras palabras, el péndulo puede estar en cualquier lugar, incluso en el fin del universo. Sí, pero tiene muy poco tiempo para llegar hasta allá, porque todo este acontecimiento ocurre en tiempo cero. Por lo tanto, ahí vamos de nuevo. El péndulo tiene que desaparecer en todas direcciones a velocidad infinita. Tendrá que expandirse muy rápidamente en el espacio, como un globo, y luego colapsar con la misma rapidez.

Una vez hecho esto, vuelve, adquiere velocidad y sigue con su habitual y bondadosa actividad como si nada hubiera pasado. Ninguno de nosotros sospecharía que el tranquilo péndulo hace algo tan salvaje cuando nadie lo ve. Pero tampoco hay que fiarse de las apariencias.

Para aportar un modelo más fácilmente digerible de este comportamiento, pensemos en una cámara fotográfica. Supongamos que queremos fotografiar un pájaro en vuelo con la luz predominante. Sabemos que si queremos obtener una imagen nítida del pájaro, tenemos que utilizar un tiempo de exposición muy corto, digamos que de 0,001 segundos. Miramos nuestro fotómetro y descubrimos que en 0,001 segundos no tendremos luz suficiente para registrar la imagen en la película, y para obtener luz suficiente necesitaríamos al menos 0,1 segundos de exposición. Pero sabemos que en 0,1 segundos el pájaro estará fuera de nuestra vista, y todo lo que veremos en la foto será una mancha que lo representa. En consecuencia, estamos en problemas de cualquier manera. En otras palabras, no puedes tener tu pastel y comértelo al mismo tiempo.

Hemos estado usando hasta ahora el péndulo como ejemplo. Pero un péndulo representa cualquier sistema que oscile o se mueva hacia adelante y hacia atrás, ya sea un oscilador que pulse concéntricamente, que gire en órbitas o que gire sobre sí mismo. Desde la perspectiva de un observador, siempre hay dos puntos en los que cualquiera de estos sistemas parece estar en reposo. Pero estar completamente en reposo —es decir, estar en el punto en el que el movimiento en una dirección cambia de signo o invierte su dirección—, ese punto de reposo implica de alguna manera una desaparición de la materia y un movimiento a velocidades infinitas o casi infinitas. La velocidad infinita y el reposo total parecen, de algún modo, complementarios.

Hasta ahora hemos utilizado el péndulo como modelo, porque es fácil de visualizar. Sin embargo, a temperatura ambiente, los átomos de la materia vibran a un ritmo de unos 10^{15} Hz; por lo tanto, es muy probable que nuestra materia esté parpadeando a ese ritmo.

Realidades objetivas y subjetivas

En el capítulo 2 miramos a través de un supermicroscopio y descubrimos que nuestra **realidad objetiva** está hecha de vacío, el cual está lleno de campos electromagnéticos pulsantes y oscilantes que, a su vez, se mueven entre dos puntos de reposo. A cada uno de los puntos de reposo se llega a través de un período de movimiento.

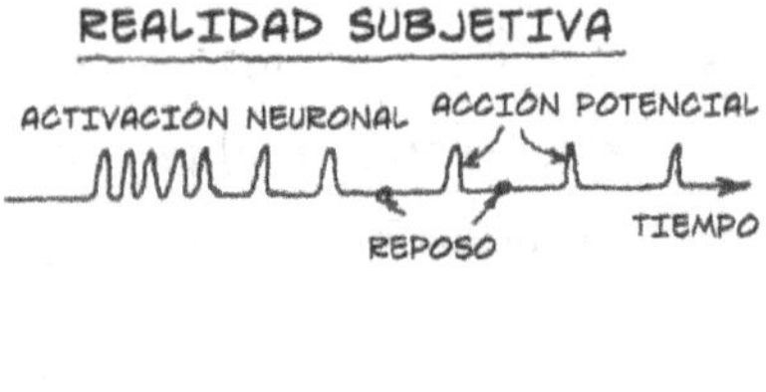

REALIDAD SUBJETIVA
ACTIVACIÓN NEURONAL
ACCIÓN POTENCIAL
TIEMPO
REPOSO

Al principio de este capítulo intentamos analizar la naturaleza de nuestra realidad subjetiva. Sabemos que esta consiste en la suma total de impresiones que nos transmiten nuestros sentidos. Luego descubrimos que nuestro sistema nervioso nos traduce la realidad objetiva en un código morse de acción o movimiento y reposo, que son estados eléctricos oscilantes del sistema nervioso.

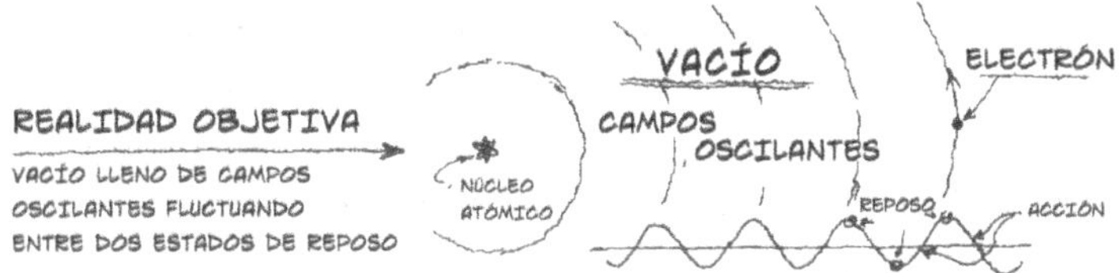

Podemos extraer así un denominador común de nuestras realidades objetiva y subjetiva. Comprobaremos que ambas realidades **solo se hacen "reales" debido al cambio o movimiento que se produce entre los dos estados de reposo.** En otras palabras, si no hay cambio, tenemos un estado de reposo perpetuo, y un estado de reposo perpetuo significa que **no hay realidad perceptible**.

Puede sernos útil reflexionar sobre la posibilidad de que la "realidad tangible" solo exista para nosotros mientras hay movimiento; cuando este cesa, la materia y la realidad sólida se vuelven difusas y desaparecen. Llegados a este punto, no puedo resistir la tentación de citar un libro de Alexandra David-Néel y Lama Yongden*, titulado *The Secret Oral Teachings In Tibetan Buddhist Sects* (*Las enseñanzas orales secretas de las sectas budistas tibetanas*):

> El mundo tangible es movimiento, dicen los Maestros, no un conjunto de objetos en movimiento, sino el propio movimiento. No hay objetos "en movimiento"; es el movimiento el que constituye los objetos que aparecen ante nosotros: no son más que movimiento.

* David-Neel, Alexandra y Yongden, Lama, *The Secret Oral Teachings In Tibetan Buddhist Sects.* San Francisco: City Light Books, 1967.

> Este movimiento es una sucesión continua e infinitamente rápida de destellos de energía (en tibetano, *tsal* o *shoug*). Todos los objetos perceptibles por nuestros sentidos, todos los fenómenos, sean del tipo que sean y tengan el aspecto que tengan, están constituidos por una rápida sucesión de acontecimientos instantáneos.
>
> Existen dos teorías y ambas consideran el mundo como movimiento. Una afirma que el curso de este movimiento (que crea los fenómenos) es continuo, como nos parece la corriente de un río tranquilo. La otra declara que el movimiento es intermitente y avanza por destellos separados de energía que se suceden a intervalos tan pequeños que son casi inexistentes.

Parece que alguien estuvo aquí antes. Pero ¿adónde va la materia cuando desaparece periódicamente? ¿Y qué nos ocurre a nosotros cuando nos encendemos y apagamos? Aprenderemos sobre esto en los capítulos siguientes.

Resumen

Nuestros sentidos nos traducen la realidad física en un código morse de **acción y reposo**. Esta es nuestra **realidad subjetiva**.

Podemos comparar este lenguaje de acción y reposo con el movimiento de un péndulo o un oscilador.

Hemos demostrado que cuando el péndulo alcanza su punto de reposo, tiene que volverse inmaterial durante un período de tiempo muy corto y expandirse en el espacio a una velocidad casi infinita.

La cita de un libro budista tibetano sugiere lo mismo: "El mundo tangible es movimiento".

Sin cambio ni movimiento no hay realidad objetiva ni subjetiva.

4. UN EXPERIMENTO CON EL TIEMPO

Antes de comenzar este capítulo, convendría recordar al lector el propósito de este libro, tal como se describe en la Introducción. Nos enfrentamos aquí a fenómenos difíciles de explicar. Pasarán muchos años antes de que la ciencia tenga una comprensión siquiera rudimentaria de los fenómenos mentales. En la ciencia es práctica común intentar hacer un "modelo" que describa de cerca un determinado conjunto de fenómenos. Al principio puede tratarse de un modelo rudimentario, que se perfeccionará más adelante, a medida que se disponga de más conocimientos sobre el área. Un modelo satisfactorio para cualquier conjunto de fenómenos tiene que ajustarse a estos fenómenos de forma sencilla y económica. Cuantos más postulados nuevos se requieran para construir el modelo, más engorroso y vulnerable resultará.

El conocimiento se mueve en una espiral ascendente en constante expansión, lo que nos permite ver, desde las vueltas superiores de la espiral, nuestros conocimientos anteriores con una perspectiva más amplia. Así, la mecánica de Newton se ha convertido en un "caso especial" dentro de la teoría de la relatividad de Einstein. En consecuencia, con el paso del tiempo la teoría de la relatividad se convertirá en un "caso especial" dentro de una ciencia que tendrá en cuenta tanto los fenómenos físicos como los mentales.

Nuevos métodos e instrumentos, cada vez más sensibles, nos permiten realizar mediciones gradualmente más sofisticadas. Ahora podemos medir los campos magnéticos que rodean nuestra cabeza debido a las diminutas corrientes eléctricas que emite el cerebro. Hacemos mediciones muy sofisticadas, que demuestran que cuando se produce el más mínimo cambio en cualquier sistema del cuerpo, todos los demás sistemas se ven afectados de alguna manera. Ya no vemos nuestro cuerpo como una colección de órganos separados, metidos en un saco, de manera que un especialista pueda arreglar un órgano sin afectar a los demás.

La sociedad y todo el planeta, el sistema solar y, de hecho, todo el cosmos, son como el cuerpo. Espero mostrar, cuando lleguemos al final de este libro, que formamos parte de un sistema altamente integrado en el sentido más amplio de la palabra.

Sin embargo, volvamos a nuestro modelo. En él trataremos de unir tantos fenómenos diversos como sea posible para encajarlos en un sistema compacto. Los fenómenos físicos y objetivos sirven como punto de partida para este modelo.

Experimento con el tiempo

En los capítulos anteriores hablamos de la acción del sistema nervioso, que recibe información del entorno y la codifica para nosotros en un lenguaje de acción y reposo. Esta acción se produce, naturalmente, en el **tiempo**; es decir, toma tiempo que ocurra cualquiera de estos acontecimientos.

Cuando pensamos en el tiempo, imaginamos la hora del reloj. En todo el mundo, la acción está sincronizada por la hora del reloj, empezando por los horarios de los trenes, los horarios de los aviones, la navegación, la astronomía, las telecomunicaciones, etc. Todo ello depende por completo de unos horarios precisos. Los estándares de precisión de los dispositivos que registran el tiempo han ido aumentando rápidamente, debido a la demanda de un cronometraje cada vez más preciso para la comunicación espacial, la navegación, la astronomía, etc. En lugar de utilizar relojes mecánicos, hoy en día dependemos de los "relojes atómicos". No se trata de relojes en el sentido habitual, sino de dispositivos que utilizan la oscilación muy estable de los átomos de cesio como patrón de cronometraje.

Es de suponer que todos los relojes, desde el del abuelo hasta los de pulsera, dividen la duración del día de forma más o menos fiable en horas, minutos y segundos. A este tipo de tiempo lo denominamos "objetivo", ya que se supone que los relojes de todo el mundo cortan el tiempo en rodajas del mismo grosor. Sin embargo, por experiencia propia sabemos que en diferentes circunstancias no "se siente" como si el tiempo pasara uniformemente. Cuando se realiza alguna actividad interesante, el tiempo "vuela"; pero si esperamos en la consulta del dentista, el tiempo "se arrastra". Cierta vez le preguntaron a Einstein por este "tiempo psicológico", y él respondió con una observación ahora famosa: "Cuando pasas dos horas con una chica linda, piensas que es solo un minuto. Pero cuando te sientas en una estufa caliente durante un minuto, piensas que son dos horas". Una vez establecida "firmemente" la relatividad del tiempo, veamos cómo se puede utilizar este tiempo subjetivo.

Estudios sobre el sueño nos han dejado saber que, durante los períodos de sueño, se produce una dilatación del tiempo. En otras palabras, si por ejemplo se despierta a una persona después de un breve período de sueño activo y se le pide que describa lo que ha ocurrido en él, normalmente nos narrará una larga historia, que habría tardado mucho más tiempo objetivo en producirse.

También sabemos que, bajo hipnosis, puede producirse una dilatación del tiempo* y que esta es fácilmente perceptible. Los estudios sobre drogas que afectan a la mente, como el cannabis, el LSD, etc., indican que producen distorsiones del tiempo. Puesto que estos materiales no son sustancias desconocidas para la mayoría de los lectores de este libro, posiblemente podamos utilizarlos como ejemplo. Cuando se escucha hablar a alguien bajo la influencia de algunas de las drogas que afectan a la mente, se tiene la sensación de que el interlocutor se expresa muy despacio, y que las pausas entre las palabras son extremadamente largas. De hecho, estamos seguros de que podríamos dar fácilmente una vuelta a la manzana antes de que salga la siguiente palabra. No hay cambio alguno en el tono del sonido de las palabras; es decir, estas no suenan como un discurso grabado a baja velocidad. Está claro que lo que ocurre es que, de alguna manera, tenemos más tiempo subjetivo y podemos observar el acto del habla con más detalle. ¿Se han acelerado nuestros procesos mentales en relación

* Le Cron, Leslie M., *Experimental Hypnosis.* Nueva York: Macmillan, 1952, p. 217.

con los del hablante? ¿O simplemente disponemos de más tiempo para observar el acontecimiento?

Probemos un experimento que debería arrojar luz sobre este dilema. Cuando una persona ha sido entrenada mediante biorretroalimentación para producir ondas theta, o puede ponerse en un estado meditativo profundo y, al mismo tiempo, ser capaz de observar el segundero de un reloj que tiene delante, se sorprenderá al comprobar que la manecilla se ha detenido. Es una experiencia bastante sorprendente, y la reacción natural ante ella es: "¡Esto es imposible!"*. En ese momento, el segundero se acelerará y retomará su ritmo normal. Sin embargo, si somos capaces de superar esta reacción y observamos con los ojos entreabiertos la esfera del reloj mientras permanecemos en un profundo estado de meditación, podremos evitar que el segundero se mueva durante todo el tiempo que deseemos.

Naturalmente, el experimento anterior está limitado a personas que controlen especialmente bien sus estados de consciencia. He diseñado un experimento que está al alcance de prácticamente cualquier persona que quiera ensayar este cambio en el tiempo, al menos en una mínima parte. No requiere drogas ni entrenamiento alguno. Lo único que necesitamos es un reloj con segundero o un reloj de pulsera con una esfera bastante grande y un segundero fácilmente visible.

Paso 1. Relájate. Coloca el reloj frente a ti, sobre una mesa, de modo que sea cómodamente visible, sin esfuerzo, con los ojos entrecerrados. Si lo deseas, apóyate con los codos sobre la mesa.

Paso 2. Mira el reloj de forma relajada y sigue el segundero. Intenta asimilar y recordar el ritmo al que se mueve. Todo esto debe hacerse sin esfuerzo.

---

* Floyd, Keith, "Of Time and Mind". En White, John, ed. *Frontiers of Consciousness.* Nueva York: Julian Press, 1974.

Paso 3. Este es el paso crucial del experimento. Cierra los ojos y visualízate realizando tu actividad favorita. Esta visualización tiene que ser lo más perfecta posible. Por ejemplo, si te visualizas tumbado bajo el sol en una playa, tienes que **estar allí** todo tú. No te limites a **pensar** que estás allí; siente el calor del sol y la textura de la arena; escucha el sonido de las olas; utiliza todos tus sentidos. Los resultados serán mejores si eliges una actividad relajante en lugar de una agitada.

Paso 4. Cuando sientas que has estabilizado esta visualización, abre lentamente los ojos, solo un poco. **No te centres en el reloj**; simplemente, deja que tu mirada se fije en la esfera, como si fueras un observador desinteresado de todo este asunto. Si has seguido las instrucciones correctamente, es posible que veas que el segundero se atasca en algunos sitios, se ralentiza y se queda flotando durante un rato. Si tienes éxito, podrás detener el segundero durante un buen rato.

Para algunas personas es una experiencia impactante. En el momento en que uno se siente conmocionado, el segundero se acelera y vuelve a su velocidad normal. Es evidente que aquí hay algo muy perturbador.

Hemos descrito varios casos en los que el tiempo está siendo manipulado de alguna manera. No estoy diciendo que realmente hayamos ralentizado el movimiento del reloj; en realidad, sigue manteniendo el tiempo objetivo de antes. Pero nosotros sí hemos estirado nuestro tiempo subjetivo, de modo que nos enfrentamos a una situación **subjetiva** que, a su vez, proporciona una analogía con una situación objetiva bien conocida. Esto quedó claro por primera vez en la teoría de la relatividad, en la que se demostró que dos observadores que se mueven uno respecto del otro, no coinciden en la velocidad a la que funcionan sus respectivos relojes.

Intentemos analizar lo que tienen en común todos los casos. Algunas personas pueden afirmar que el último experimento no tiene nada que ver con los estados alterados de consciencia*; de hecho, habrá quienes negarán por completo la existencia de algo similar a la consciencia.

¿Por qué, entonces, el reloj se ralentizó o se detuvo por completo durante un rato? Mi propuesta es que la mente observadora (o "el observador", para abreviar), la entidad que correlaciona y da sentido a la información que le envía el cerebro, estaba ausente. Se fue a la playa y dejó el "soporte físico" (*hardware*) en casa, desatendido. El "soporte físico", es decir, los órganos sensoriales y el cerebro, procesan y producen la información, pero la **entidad** que correlaciona y da sentido a la información ha abandonado el cuerpo por un tiempo.

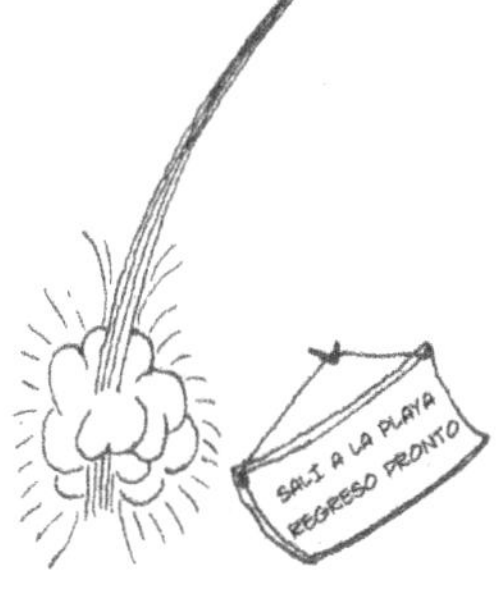

Esto no es tan frívolo como puede parecer†. En las condiciones adecuadas, este hipotético "observador", ausente sin permiso, podría haber sido detectado en la playa por una persona "sensitiva" o clarividente. Mientras el "observador" estaba ocupado correlacionando la información que le llegaba de la playa, no

* Tart, Charles T., *Altered States of Consciousness*. Nueva York: Wiley, 1969, pp. 335–45; Londres: Wiley, 1969.

† Monroe, Robert A., *Viajes fuera del cuerpo: la expansión de la consciencia más allá de la materia*. Madrid: Palmyra, 2008. Targ, Russell y Puthoff, Harold, "Remote Viewing of Natural Targets", *Parapsychology Review*, volumen 6: 1975, pp. 1–3.

podía manejar la información que le presentaban los ojos físicos que miraban el reloj.

Desde el momento en que el reloj se detuvo hasta que empezó a moverse de nuevo, el "observador" estaba "fuera del cuerpo". En los casos en los que el reloj solo se ha ralentizado, el "observador" estaba "desdoblado". Estaba parcialmente en la playa y parcialmente en el cuerpo, manejando la información a un ritmo reducido. En los capítulos siguientes me propongo discutir cómo pueden tener lugar todas estas extrañas acciones del "observador". De momento, nos quedaremos con los resultados de nuestro experimento e intentaremos encontrarles sentido.

Si el reloj se detiene por completo, los ojos se habrán convertido en una cámara inerte, que proyecta a la pantalla del cerebro la última información que han visto antes de que el "observador" se marchara. Esto es análogo a las pequeñas calculadoras que se utilizan hoy en día. La pantalla muestra y retiene la última información que el operador ha introducido.

El lector atento se habrá dado cuenta de una interesante propiedad de este "observador": puede desplazarse a lugares distantes en fracciones de segundo. Es capaz de abandonar su cuerpo físico, irse a una playa a miles de kilómetros de distancia y volver en uno o dos segundos.

En el capítulo anterior analizamos el comportamiento de los osciladores y los péndulos. Recordemos lo que ocurre cuando un péndulo llega a una de las posiciones de los extremos. Descubrimos que entre los puntos en los que el péndulo tiene que detenerse por completo y el punto en el que inicia su viaje de vuelta, hay una zona en la que se rompe la relación causal entre el tiempo y el espacio, en la que su posición se "difumina" y se encuentran velocidades infinitas o casi infinitas debido al principio de incertidumbre que opera en la escala cuántica de las cosas.

Sabemos que no podemos acelerar los objetos físicos a la velocidad de la luz, por no hablar de velocidades infinitas. Pero en las condiciones de las que hablamos, la materia física pierde su definición, se vuelve menos "sólida", lo que facilita que el observador se separe de ella. Nuestros cuerpos, como sabemos por el capítulo 1, se comportan de forma pendular. ¿Es posible que el "observador", al no tener masa física, se desplace de un lado a otro a velocidades muy altas con cada movimiento ascendente y descendente del cuerpo? Y si este es el caso, ¿a dónde va?

Un sencillo diagrama nos ayudará a poner en orden los fenómenos tratados anteriormente. (No te dejes intimidar por los diagramas. Como autor, comprendo perfectamente la aversión de la mayoría de la gente por las matemáticas, los gráficos, etc. Sin embargo, los diagramas comunican mejor y más rápido que las palabras. Así que ten paciencia un rato; terminaremos pronto). En la figura 23, nuestro espacio-tiempo de cuatro dimensiones está representado por dos líneas: la vertical representa el tiempo, la horizontal el espacio. Recordemos que el espacio tiene tres dimensiones, pero aquí solo están representadas por las direcciones horizontales. El paso del tiempo hacia el futuro se muestra como un movimiento hacia arriba, por encima de la línea horizontal, mientras que todo lo ocurrido en el pasado se muestra por debajo de ella. El punto de cruce de las líneas horizontal y vertical representa nuestro "ahora". Es el punto de partida de cualquier acontecimiento.

Intentemos utilizar este diagrama y veamos cómo se comportaría en él un fotón, que es una partícula de luz. Sabemos que la luz viaja a unos 300 000 kilómetros por segundo. Por tanto, partiendo del punto "ahora", marcamos en la línea vertical nuestras unidades de tiempo: 1, 2, 3 segundos. En la línea horizontal marcamos la distancia recorrida por esa partícula: en el primer segundo ha recorrido 300 000 kilómetros, en el segundo siguiente 600 000 kilómetros, en el tercer segundo 900 000 kilómetros.

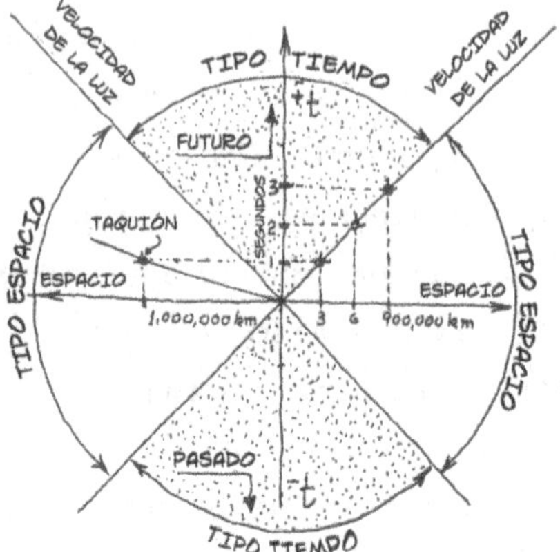

Fig. 23

Desde los puntos de la línea vertical, que indican unidades de tiempo, trazaremos ahora líneas horizontales discontinuas, y desde los puntos de la línea horizontal, que indican unidades de distancia, trazaremos líneas verticales discontinuas. Estas líneas se cruzarán, y a través de sus puntos de intersección trazaremos una línea diagonal, partiendo del punto "ahora". Podemos extender esta línea diagonal por debajo del punto "ahora" hacia el pasado, y trazar una línea diagonal simétrica, que también pase por el punto "ahora" hacia abajo, hacia el pasado. Estas dos diagonales delinearán dos triángulos que tocarán el "ahora" con sus vértices. Sus bases están abiertas, por supuesto, porque es imposible poner límites al pasado o al futuro. De hecho, podemos visualizar el punto del "ahora" desplazándose hacia el futuro, dejando a su paso muchos "ahoras" que conforman nuestro pasado. También podemos decir que el triángulo superior (sombreado) describe las actividades que ocurrirán en el futuro, mientras que el triángulo sombreado inferior representa los acontecimientos del pasado.

La acción más rápida en el mundo físico está naturalmente limitada por la velocidad de la luz. Por lo tanto, las líneas diagonales que representan la velocidad de la luz establecen los límites de la velocidad a la que puede viajar un objeto dentro de nuestro universo físico. Los físicos califican a este comportamiento como de "tipo tiempo" (*timelike*), refiriéndose a nuestro universo espacio-temporal normal, porque en este diagrama toda acción que ocurra por debajo de la velocidad de la luz tenderá a agruparse alrededor del eje vertical del tiempo.

A pesar de todas estas limitaciones aparentes, hay físicos osados que están trabajando en partículas hipotéticas, llamadas taquiones, que pueden moverse a velocidades superiores a la de la luz. La velocidad de los taquiones comienza justo por encima de la velocidad de la luz y llega a velocidades infinitas*.

Esto nos lleva a la otra parte de nuestro diagrama. Supongamos que tenemos un taquión que va a una velocidad casi infinita, lo que implica que se mueve prácticamente de manera exclusiva a lo largo del eje horizontal del espacio. Va tan rápido que casi no consume tiempo. En el ejemplo anterior, el fotón tardó tres segundos en recorrer los 900 000 kilómetros, como muestra el diagrama. El taquión recorrerá esa distancia prácticamente en nada de tiempo, de modo que podemos trazar su movimiento en el eje horizontal sin tener en cuenta el eje vertical del tiempo. No hay nada que marcar en la escala vertical, ya que casi no se utilizó tiempo para el movimiento de este taquión.

Supongamos ahora que la velocidad del taquión se ralentiza a un millón de kilómetros por segundo. Esto sigue siendo considerablemente más rápido que la velocidad de la luz, y el punto que representa la velocidad del taquión se marcará naturalmente en la línea vertical, como se muestra en el diagrama. Sin embargo,

* Bilaniuk, Olexa-Myron y Sudarshan, E. C. *Physics Today,* mayo de 1969, vol. 22.

aparecerá más cerca del eje horizontal que del eje vertical. En resumen, todas las velocidades mayores a la de la luz tenderán a formar racimos alrededor del eje horizontal del espacio; por lo tanto, tal comportamiento es calificado por los físicos como de "tipo espacio" (*space-like*). Las velocidades a las que se recorre el espacio consumiendo muy poco tiempo se denominarán actividad de "tipo espacio".

Cuando algo se mueve tan rápido que su desplazamiento casi no emplea tiempo, decimos que se mueve a una **velocidad casi infinita**, y cuando algo va tan rápido, ¡debe estar presente en todos los lugares a la vez! Nosotros, los mortales, quizá podríamos dar a este tipo de comportamiento un nombre más apropiado: **omnipresencia**. Se trata de un concepto muy importante sobre el que profundizaremos más adelante.

Omnipresencia

Todos hemos oído hablar de los aviones supersónicos que cruzan el Atlántico en hora y media. Los astronautas lo atraviesan en unos 15 minutos. Supongamos ahora que se desarrollara un avión que pudiera ir y venir entre Londres y Nueva York en medio minuto. Imagínate preguntar a la azafata de ese avión por su paradero. Ella te diría: "Hemos dejado por un momento Nueva York, nos acercamos a Londres... ¡Uy! Ahora estamos volviendo a Nueva York". Está claro que nuestra pregunta no tiene sentido. Quizá solo tengamos que aceptar el hecho de que, de alguna manera, estamos en ambos lugares más o menos a la vez.

Ahora supongamos que construimos un vehículo que puede viajar casi tan rápido como la luz. Esto significa que podríamos dar la vuelta a nuestro planeta unas siete veces por segundo, lo cual nos permitiría ver prácticamente cualquier punto de nuestro globo en ese tiempo. Y los habitantes de la Tierra podríamos vernos siempre en un punto u otro, de modo que estaríamos formando una especie de caparazón de "presencia" alrededor del planeta.

Imaginemos ahora que nos movemos a velocidades casi infinitas. Entonces es fácil ver que podemos dar la vuelta y atravesar nuestro sistema solar (o galaxia, o universo, para el caso) muchas veces por segundo, tejiendo así u estrecho patrón a través de ese sistema. Podríamos ver todo lo que hay que ver, y estar en todas partes en muy poco tiempo. En otras palabras, seríamos **omnipresentes**.

Y cuando la novedad de ser omnipresentes desaparezca y nos acostumbremos a las altas velocidades, nos parecerá insuficiente ir a toda velocidad. También querremos saber qué ocurre en nuestro sistema solar. Para ello tendríamos que inventar una computadora de procesamiento de información muy rápida, que pudiéramos construir de forma barata y ágil en nuestra imaginación. De esta manera podríamos absorber toda la información del sistema solar a medida que llegara. Ahora no solo seríamos omnipresentes, sino omniscientes.

Nos encontraríamos entonces repartidos por todo el sistema solar en un caparazón brillante y vibrante que todo lo ve y todo lo sabe. Una vez olvidadas todas las dificultades para lograr esta gran proeza técnica, la consecución de velocidades casi infinitas se habrá vuelto algo habitual para nosotros. Ahora miraremos hacia dentro y empezaremos a contemplar nuestro estado, y llegaremos a la paradójica conclusión de que ir tan rápido es en realidad lo mismo que **estar en reposo**, ¡en todos los sitios a la vez! Habremos llegado a la conclusión de que, si tan solo pudiéramos expandir de alguna manera nuestra consciencia, nuestra "mente de observador" podría llenar todo el espacio y no necesitaría correr tan rápido. Además, ahora comprendemos que alcanzar la velocidad infinita significaría alcanzar otro estado superior de reposo, o **estado del ser**. El círculo se cierra aquí.

Es hora de volver a nuestros diagramas.

Hagamos un diagrama similar al de la figura 23, con las mismas coordenadas "objetivas". Por "coordenadas objetivas" entendemos que representan el espacio y el tiempo tal y como los conocemos normalmente. Pero, paralelamente a estas coordenadas objetivas, añadamos líneas discontinuas que representen nuestras coordenadas subjetivas en el espacio subjetivo y en el tiempo subjetivo (Fig. 24). En nuestro estado "normal" de consciencia despierta, estos dos sistemas de coordenadas permanecen paralelos y se superponen. La mayor parte del tiempo, sin embargo, hay una fluctuación periódica que se repite aproximadamente cada hora y media*.

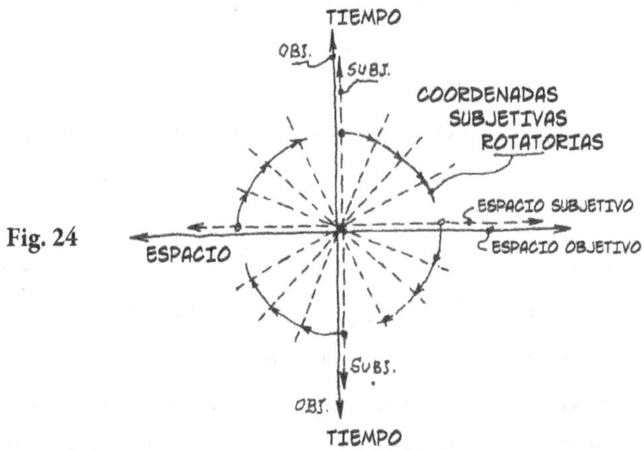

Fig. 24

Lo que sugiero es que durante los estados alterados de consciencia nuestras coordenadas espacio-temporales subjetivas se separan de las coordenadas objetivas y rotan alrededor del centro

* Lavie, Peretz y Kripke, Daniel F., *Psychology Today*, abril de 1975, p. 54.

común, como se muestra en la figura 25. Rotemos ahora las coordenadas subjetivas a un ángulo arbitrario, que denominaremos Ψ (psi), y tracemos una línea paralela al eje horizontal del espacio objetivo a través de la marca de 1 segundo. (Esto representa la proyección de un segundo objetivo sobre nuestro tiempo subjetivo). Ahora busquemos en ella la intersección con el tiempo subjetivo, t_{subj}. Midiendo la longitud de la línea diagonal desde el "ahora" hasta la intersección, comprobamos que nuestra unidad de tiempo subjetiva es más larga que la objetiva. En resumen, parece como si tuviéramos más tiempo que antes para hacer lo que nos hemos propuesto. De hecho, para el ángulo elegido en el diagrama, disponemos de cuatro segundos subjetivos por cada segundo objetivo.

Fig. 25

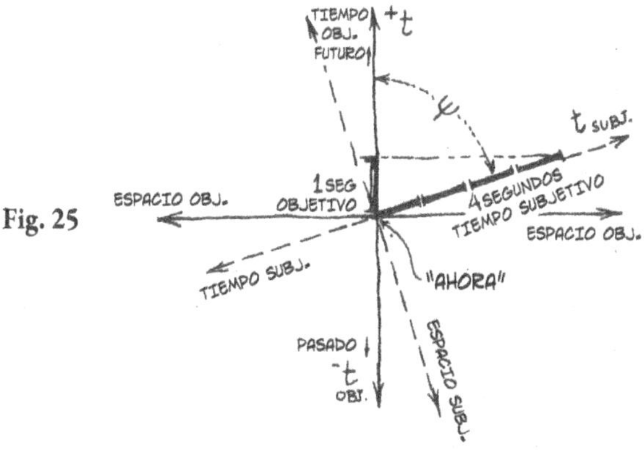

Volvamos a la persona bajo los efectos de una droga que afecta la mente y que está escuchando hablar a alguien. Supongamos que quien habla pronuncia una palabra por segundo. La persona bajo los efectos de la droga, y presumiblemente en un estado alterado de consciencia, dispondrá de más tiempo subjetivo para escuchar la palabra y, por tanto, estará en mejores condiciones de analizarla, porque sus procesos mentales funcionan al ritmo objetivo normal.

Un ejemplo sencillo nos proporcionará una analogía de este fenómeno. Supongamos que tomamos un poste con nudos. Cuando el sol está en un ángulo bajo, la sombra del poste se hace muy alargada, de modo que podemos examinar con más detalle los nudos y los espacios que hay entre ellos (Fig. 26).

Fig. 26

El lector espabilado probablemente comentará aquí: "¿Por qué complicar tanto las cosas? La mayoría de estos fenómenos puede explicarse simplemente suponiendo que nuestros procesos mentales se han acelerado considerablemente y que, por tanto, la agudeza de nuestra percepción ha aumentado mucho. No necesitamos tiempo y espacio, subjetivos, para explicar las distorsiones temporales".

Sin embargo, esto no es del todo así, como veremos más adelante. Si volvemos a mirar el diagrama nos daremos cuenta de que cualquier aumento adicional en el ángulo Ψ incrementará enormemente el tiempo subjetivo*. A medida que nuestro eje de tiempo subjetivo se inclina más hacia la horizontal, descubrimos que podemos tener tal vez un millón de segundos subjetivos por cada segundo objetivo, porque el punto de intersección entre la línea horizontal, que marca la posición de un segundo del tiempo objetivo, se encontrará con nuestro eje de tiempo subjetivo

* Los valores de la relación entre $\frac{\text{t subj.}}{\text{t obj.}}$ suben rápidamente a medida que superamos los 89 grados. A 89,9 grados, esta relación es de aproximadamente 573. Por encima de 89,9999 grados va más allá de un millón.

inclinado muy lejos del punto "ahora". Y cuando nuestro eje de tiempo subjetivo se vuelve finalmente horizontal, nuestro tiempo subjetivo se vuelve infinitamente largo, de modo que en estas condiciones no estamos utilizando tiempo objetivo en absoluto*.

Llegados a este momento, sería útil resumir lo que hemos aprendido de los dos diagramas espacio-tiempo. Por la figura 23 sabemos que, cuanto más rápido se mueve algo, más se acerca a la línea horizontal; es decir, muestra un comportamiento "tipo espacio". En la figura 25 vemos que cuanto más se inclina nuestro eje de "tiempo subjetivo" hacia la horizontal, más tiempo subjetivo tenemos a mano. Si combinamos estos dos diagramas, tenemos que concluir que una inclinación de nuestro eje temporal subjetivo hace que nos comportemos de una manera cada vez más "tipo espacio", lo que significa que en un estado alterado de consciencia nos estamos expandiendo rápidamente en el espacio. En otras palabras, **una expansión de la consciencia conduce a una expansión en el espacio**. Esto puede ocurrir a velocidades inferiores o superiores a la de la luz.

Aquí, el lector atento probablemente se haya dado cuenta de que en nuestro tiempo subjetivo nos hemos deslizado sin contemplaciones a través de la barrera de la velocidad de la luz. Esto es algo que ningún objeto físico puede hacer; pero nuestro "observador", al ser una entidad no física, no tendrá problemas en lograrlo. Sin embargo, el "observador" sigue estando tenuemente ligado al cuerpo físico, y los sentidos físicos continúan transmitiéndole mensajes de una manera no distorsionada. Sigue operando, aunque vagamente, sobre un fondo de espacio-tiempo físico. Al cruzar la barrera de la velocidad de la luz se

---

* Cuando el ángulo Ψ es de 90 grados, el tiempo subjetivo es infinitamente largo. Esto se debe a que el coseno de 90 grados es cero. Por lo tanto:
Tiempo subjetivo $= \frac{1}{\cos \Psi} = \frac{1}{0} = \infty =$ infinito

encuentra en un universo tipo espacio. Se trata de un universo nuevo y extraño, en el que la velocidad no tiene límites y el tiempo se convierte en espacio.

El nosotros "apagado y encendido"

Ha llegado el momento de que empecemos a recomponer el comportamiento supuestamente extraño del péndulo u oscilador comentado en el capítulo 3. Cuando las distancias por unidad de tiempo en el punto extremo, a través del cual se mueve el péndulo, se hacen extremadamente pequeñas, nos encontramos con velocidades casi infinitas o infinitas. Pero ¿velocidades infinitas de qué? La respuesta parece ser: velocidad infinita de una entidad no física, el "observador", mientras que el cuerpo físico pierde su definición en el espacio. (No podemos conocer su posición). A pesar de su rápida expansión dentro del espacio, el "observador" conserva su integridad como unidad de procesamiento de información, mientras que todo lo que podemos decir sobre el cuerpo físico es que "parpadea" dos veces por cada oscilación en los puntos de reposo.

Así pues, mientras nuestros cuerpos oscilan hacia arriba y hacia abajo unas siete veces por segundo, el "observador" se expande al final de cada movimiento durante un brevísimo período de tiempo objetivo, y luego se contrae, sin tener consciencia del acontecimiento. En otras palabras, nuestro ángulo Ψ se abre momentáneamente y vuelve a cerrarse, en sentido inverso y paralelo al tiempo objetivo. Esto ocurriría unas catorce veces por segundo, ya que tenemos dos puntos de reposo por ciclo. Normalmente, no conservamos recuerdo alguno del suceso. Sin embargo, el "observador" puede recorrer grandes distancias en este brevísimo lapso y observar muchas cosas. No es de extrañar, pues, que sea capaz de ir a una playa lejana y estar de vuelta en pocos segundos.

A medida que aumenta nuestra capacidad de mantener un estado expandido de consciencia, el ángulo Ψ no se cierra para volverse cero, sino que fluctúa a cierta distancia del eje del tiempo objetivo. Esto aumenta nuestro tiempo subjetivo, de modo que podemos empezar a recordar alguna información que hemos recibido mientras estábamos fuera del cuerpo.

De todo lo anterior se deduce que podemos describir el nivel de consciencia de una persona **por la relación entre su tiempo subjetivo y su tiempo objetivo.** La gama de estas relaciones es muy amplia. Comienza con pequeñas diferencias, que normalmente se tomarían por un simple "estar distraído" (como nuestro pequeño experimento con el reloj), hasta la dilatación del tiempo por medio de la hipnosis, pasando por el sueño, que es claramente un estado alterado de consciencia, hasta llegar finalmente, a un estado meditativo profundo, en el que el tiempo está "detenido" o casi "detenido". Podemos expresar esto de una forma matemática sencilla:

$$\text{Índice de nivel de consciencia} = \frac{\text{tiempo subjetivo}}{\text{tiempo objetivo}}$$

O tomemos nuestro ejemplo de la figura 25:

$$\frac{\text{tiempo subjetivo} = 4 \text{ segundos}}{\text{tiempo objetivo} = 1 \text{ segundo}} = 4 = 4$$

Este es nuestro "índice de nivel de consciencia".

Hasta ahora no nos hemos enfocado en lo que le ocurre a nuestra coordenada espacial subjetiva, que gira junto con la coordenada temporal subjetiva. A medida que el tiempo subjetivo se expande, también lo hace el "observador" en su espacio subjetivo. (Recuerda que la coordenada espacial representa el espacio tridimensional).

Tras hacer un "túnel" desde nuestra dimensión tipo tiempo a la dimensión tipo espacio, nuestro eje espacial se aproxima al eje temporal objetivo. Esto conlleva algunas consecuencias sorprendentes. Nuestro espacio subjetivo tipo tiempo se convierte en tiempo objetivo. Esto significa que nuestro "observador", al viajar por lo que considera su espacio, en realidad **se desplaza a través de su propio tiempo objetivo y el de los demás**, ya sea hacia el pasado o hacia el futuro. Quizá esto explique el mecanismo con el que actúan los clarividentes*. Parecen capaces de describir el pasado, algunos sorprendentemente bien. Incluso es posible que puedan predecir el futuro; pero como el futuro se compone de probabilidades que dependen del libre albedrío humano, el viaje al porvenir sería bastante vago y poco fiable (Fig. 27).

INTERCAMBIO DE TIEMPO OBJETIVO POR ESPACIO SUBJETIVO

Fig. 27

Cuando se le pregunta a un clarividente cómo "hace lo suyo", responde: "Voy a tu pasado". Tiene la sensación de moverse en el tiempo. Para él, el tiempo es espacio.

Volvamos a nuestro experimento con el reloj. Te he pedido que visualices una actividad favorita. Esto programó automáticamente a tu "observador" para trasladarse al pasado, porque su actividad favorita solo puede ser una experiencia del pasado. Tu

* Los clarividentes son personas que pueden funcionar sin las limitaciones del espacio y el tiempo, y pueden ver y describir acontecimientos que ocurren en el pasado y en el futuro, tanto en el plano físico como en el no físico.

"observador" se trasladó al pasado y se fue a una playa en un guiño y volvió en otro; en su tiempo y espacio subjetivos se trasladó a una "realidad" diferente. Uno puede considerar proyectar su "observador" al futuro, si esto no es demasiado agotador. De nuevo, el tiempo se ralentizará.

Todo esto suena muy confuso al principio. Sin embargo, es una forma bastante sencilla y compacta de explicar muchos fenómenos desconcertantes para los que aún no existen explicaciones científicas.

Entonces, ¿en qué consiste la realidad? ¿Cómo vemos la realidad a la luz de todo esto?

Nuestras realidades sólidas y no tan sólidas

Volvamos al péndulo, que es nuestro cuerpo. Oscila hacia arriba y hacia abajo unas siete veces por segundo. Cada vez que el cuerpo se detiene (catorce veces por segundo), el "observador" se expande a gran velocidad a través de su tiempo subjetivo hacia el espacio objetivo. Esta expansión no requiere prácticamente tiempo alguno. La figura 28 describe la relación que hay entre nuestras distintas realidades. Nuestra realidad física sólida continúa, como de costumbre, excepto por pequeñas pausas, durante las cuales nuestro "observador" se va y regresa. Durante los períodos que está "afuera", en las otras dimensiones o realidades, un "observador" no entrenado regresa sin comunicar ningún conocimiento de esta salida a la mente y al cerebro. En otras palabras, esta experiencia no suele alcanzar el nivel de pensamiento consciente.

Un muy buen ejemplo de esto es la llamada "publicidad subliminal". Se trata de una técnica, utilizada hace algunos años, mediante la cual se anunciaban productos en los cines o en la televisión haciendo parpadear durante muy poco tiempo un mensaje en la pantalla. El público nunca se daba cuenta de lo que ocurría, ya que el mensaje era demasiado breve para activar la mente consciente y producir una imagen de pensamiento coherente. Pero el subconsciente, al ser mucho más rápido, sí captaba el mensaje y la gente consumía obedientemente los productos anunciados. Por fortuna, estas técnicas están prohibidas ahora.

Un "observador" entrenado (aquel que puede permanecer en un nivel alto de consciencia durante un tiempo) ha conseguido, como se demostró antes, elongar considerablemente su tiempo subjetivo. Naturalmente, puede observar y ser impregnado con la información que ve. Luego, a su regreso, puede formular en pensamientos las visiones impregnadas.

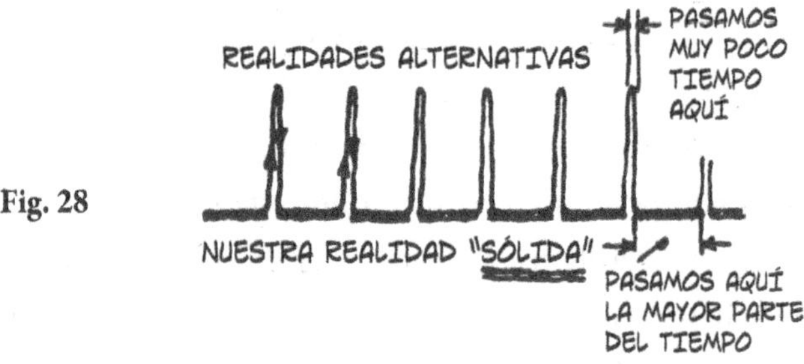

Fig. 28

Mientras uno se encuentra en un estado de consciencia expandida, su diagrama de realidad difiere del de la figura 28 y se parece bastante al de la figura 29. Si observas la línea superior, su otra realidad se ha vuelto tan continua y extendida como su realidad física. Pasa tanto tiempo en ella como en el plano físico (no en el tiempo objetivo real). Por lo tanto, debería ser capaz de hacerse una imagen coherente de sus experiencias y describir lo que ve allí. El desarrollo de la capacidad de retener la información se explicará en los próximos capítulos.

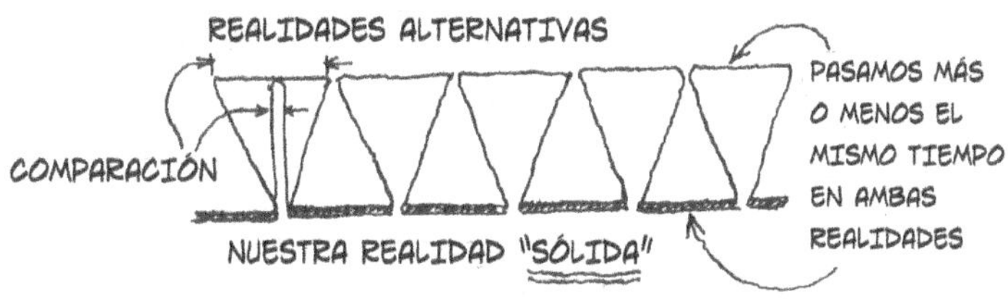

Fig. 29

Hasta ahora hemos utilizado una frecuencia de movimiento del cuerpo de 7 Hz como desencadenante de la "expulsión" del observador. Pero como recordarás, en el capítulo 3 se mencionó que cualquier oscilador tiende a desaparecer y reaparecer a su propio ritmo. Los átomos de nuestro cuerpo son osciladores de este tipo; vibran a una frecuencia de unos 10^{15} Hz. Es posible que nuestros cuerpos parpadeen a esta frecuencia tan elevada. No hay manera de saber si esto es así, ya que actualmente no tenemos forma de registrar fenómenos tan rápidos. Sin embargo, no podemos suponer que todos los átomos de nuestro cuerpo latan de forma sincronizada o coherente. Tenemos que visualizar que nuestro cuerpo se enciende y se apaga gradualmente, que unas zonas desaparecen y otras aparecen. En otras palabras, estamos parcialmente "apagados" todo el tiempo. Sin embargo, esto no altera el modelo básico presentado aquí, ya que no importa cuán largos sean los períodos de encendido y apagado.

En el improbable caso de que se produzca una coherencia total en el cuerpo (esto puede ocurrir en niveles muy elevados de consciencia), naturalmente todo el cuerpo parpadeará apagándose y encendiéndose como una unidad, y podríamos ver algunas cosas muy inusuales que ocurren en tal estado. Tomamos la pulsación de 7 Hz como el número mínimo de períodos de encendido y apagado, ya que es una cifra medible.

Resumen

Un experimento con el tiempo demuestra que tenemos un espacio-tiempo objetivo y otro subjetivo, que normalmente coinciden.

En estados alterados de consciencia, estos dos estados se separan y podemos funcionar en nuestro espacio-tiempo subjetivo. Esto explica muchos fenómenos, como la clarividencia, la telepatía, etc.

Postulamos un "observador", que es nuestra "psique", y que se hace "omnipresente" durante un período de tiempo muy breve. Es el tiempo necesario para que el péndulo u oscilador cambie de dirección.

Nuestros cuerpos son osciladores, y los átomos que los componen también lo son. Por lo tanto, nos expandimos en una dimensión tipo espacio muchas veces por segundo, con gran rapidez, y volvemos a contraernos con la misma rapidez, posiblemente al ritmo de la vibración atómica. Sin embargo, **en un estado alterado de consciencia podemos ampliar enormemente nuestro tiempo subjetivo**. Esto nos permite observar a un ritmo pausado la acción de otras psiques que están "allá fuera", y traer información útil desde "allá". Esto se hace sin consumir mucho tiempo objetivo.

Así que nuestra realidad se compone de un constante y rápido ir y venir entre nuestra realidad sólida y las realidades alternativas, que compartimos con todos los demás.

Un estado de consciencia expandido o superior implica una expansión de nuestra psique en el espacio.

5. CANTIDAD Y CALIDAD DE LA CONSCIENCIA

En el capítulo anterior hablamos de los estados alterados de consciencia, e incluso llegamos a definir los niveles de consciencia como algo conectado con la relación entre el tiempo subjetivo y el objetivo. Ahora debemos intentar interpretar qué significa "nivel de consciencia" y cómo encaja en el esquema de las cosas.

Intentemos primero definir la "consciencia" en los términos más sencillos posibles. Podemos decir que es la capacidad de un sistema para responder a estímulos. Este sistema puede ser también un sistema nervioso, por simple que sea. Supongamos que estimulamos un átomo aplicándole luz ultravioleta u otra radiación electromagnética. Uno o varios electrones pueden excitarse y reaccionar saltando a una órbita más elevada y alejada del núcleo. Cuando retiramos ese estímulo, estos electrones pueden volver a sus órbitas anteriores y emitir fotones de cierta energía o frecuencia en el proceso. Al aplicar diferentes estímulos obtendremos distintas respuestas de este sistema.

A continuación, tomemos un virus y estimulémoslo. Reaccionará con una serie de respuestas diferentes. Si tomamos una bacteria y le hacemos cosquillas, reaccionará con un número aún mayor de respuestas que el virus: puede reírse o retorcer sus flagelos, etc. Cuanto más alto y complejo sea el organismo, más variadas y numerosas serán las respuestas por estímulo. Cuando llegamos a los mamíferos y, por último, a los seres humanos, el número de respuestas posibles crece rápidamente. Definamos este número como la **cantidad de**

consciencia. Hay que admitir que esto suena bastante arbitrario, pero primero sigamos suponiendo que el número de respuestas de un sistema puede equipararse con la "consciencia". Es posible que al principio nos cueste visualizar una roca o un átomo como un ser vivo, porque asociamos la consciencia con la vida. Pero esta noción es solo una limitación humana; una roca también puede tener dificultades para comprender la consciencia humana. En la actualidad, restringimos el término "seres vivos" a aquellos que pueden reproducirse. Esto, en mi opinión, es bastante arbitrario. Parece que proyectamos nuestro propio comportamiento en otros sistemas al decir que, empezando por el átomo y yendo a agregados mayores, no hay "vida", y de repente, cuando los agregados de átomos han alcanzado un cierto grado de organización, aparece la "vida"; esto es porque podemos reconocer en ella nuestro propio comportamiento. Mi premisa básica es que la consciencia reside en la materia; dicho de otro modo, toda masa (materia) contiene consciencia (o vida) en mayor o menor medida. Puede ser refinada o primitiva. Los seres humanos estamos diseñados de tal manera que, si se nos entrena adecuadamente, podemos interactuar con cualquier cosa que tenga consciencia, sea cual fuere su nivel.

Hemos dicho que el átomo tiene consciencia porque puede reaccionar a estímulos. Ahora bien, toda la realidad física está construida con átomos en agregados de menor o mayor tamaño. En consecuencia, podemos decir que una masa determinada contiene tal o cual porcentaje de consciencia. Este porcentaje variará en cantidad y en calidad, según los diferentes niveles evolutivos.

Existe una cierta relación entre el número de respuestas por estímulo, o **cantidad de consciencia**, y el nivel de consciencia, o **calidad de consciencia.** Expresaremos la calidad de consciencia en términos de frecuencias de respuesta. Cuanto mayor sea la calidad de consciencia, más alta será la gama de frecuencias de respuesta del sistema. Sabemos que nuestros oídos reaccionan a estímulos (sonidos) que van desde unos 30 Hz a 20 000 Hz. Por tanto, podemos afirmar que nuestro mecanismo auditivo tiene una frecuencia de respuesta de 30 a 20 000 Hz. Sabemos también que nuestra visión tiene una frecuencia de respuesta limitada, al igual que todos nuestros sentidos.

Así pues, la "calidad de consciencia" define el grado de refinamiento y el alcance de dicha respuesta. También podríamos equipararla con la inteligencia de la respuesta. Es importante señalar que la cantidad de consciencia no tiene nada que ver con el tamaño o el volumen de la entidad. Solo representa el número de respuestas de las que es capaz.

Haremos ahora un diagrama para mostrar la relación de estos dos aspectos de la consciencia. Observa la figura 30. Sobre la línea horizontal se representa la cantidad de consciencia, y en la vertical su calidad. Utilicemos el átomo como unidad básica de consciencia y asignemos una escala arbitraria de números a las diversas categorías de seres. Designaremos la frecuencia de respuesta del átomo como f_1; a continuación, vendría un virus, f_2; una planta, f_3; un perro, f_4; y finalmente, un ser humano, f_5. Colocaremos a los seres humanos inteligentes altamente desarrollados en f_6. La banda entre f_5 y f_6 representa las respuestas del sistema nervioso humano a todos los estímulos posibles que le llegan a través de nuestros sentidos. Esto incluye los instrumentos que utilizamos como extensiones de nuestros sentidos.

Permíteme aclarar esto. Supongamos que tomamos una fotografía de una mujer sentada ante una mesa. Se la mostramos a un hombre de percepción limitada y le pedimos que describa lo que está viendo. La respuesta probable será "una mujer sentada ante una mesa". Mostrémosle la misma fotografía a otra persona. Describirá con todo lujo de detalles el estilo, la composición, la combinación de colores, etc. Probablemente tendremos que evitar que hable demasiado. Esta persona tiene una gama más amplia y refinada de respuestas y, por tanto, describirá la imagen con mayor fidelidad.

Así pues, el ancho de la banda que va de f_5 a f_6 expresa las respuestas del sistema nervioso humano a todos los estímulos posibles. Nuestra realidad física nos es transmitida por todas las entradas posibles a nuestro sistema sensorial. Este sistema codifica la información en un código de acción y reposo, como hemos descrito en el capítulo 3, a partir del cual nuestro cerebro construye nuestra realidad. Pero entonces las otras bandas de este diagrama, las que están por encima de la banda de frecuencia

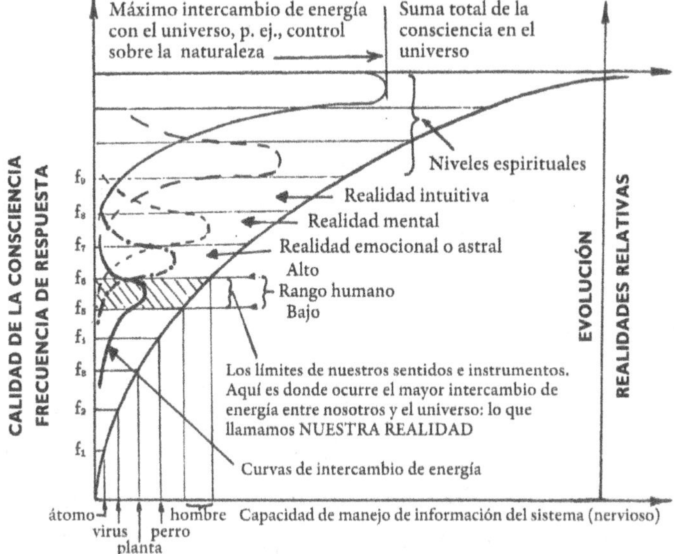

Fig. 30

CANTIDAD DE LA CONSCIENCIA:
Dada en términos del número de respuestas que un sistema es capaz de producir como reacción a un estímulo.

CALIDAD DE LA CONSCIENCIA:
Grado de **refinamiento** o inteligencia y el rango de tales respuestas, expresado en términos de frecuencia de respuesta. Cada rango de frecuencia pertenece a cierta banda de la realidad.

REALIDADES RELATIVAS:
Todas las bandas de la realidad por debajo del ABSOLUTO.

ABSOLUTO:
La suma total de la consciencia en el universo.

CURVAS DE INTERCAMBIO DE ENERGÍA:
Estas curvas muestran el grado de intercambio de energía entre una entidad y su entorno. Por lo tanto, el máximo intercambio de energía, o interacciones de los seres humanos con su entorno, se presenta en el pico de la curva. Este es nuestro punto de resonancia con el entorno.

de respuesta humana (como f_7 y f_8 o las que están por debajo), también deben representar las realidades de la población que ocupa esos niveles. En resumen, se trata de realidades diferentes, superiores e inferiores a la nuestra, en términos de evolución de la materia en el universo.

De todo esto se desprende que en la Naturaleza tenemos un espectro de realidades, cada una ocupada por una población que tiene un cierto nivel de consciencia. Lo que puede parecer insólito es que esté sugiriendo que un mineral o un vegetal también tengan algo de consciencia y formen una realidad propia. Espero convencerles de la validez de este punto de vista a medida que avancemos. Este espectro de realidades no debe verse como algo que tiene límites claramente definidos, sino que es similar a la banda de radiación electromagnética que llamamos espectro visual, el cual contiene radiaciones de entre 4 000 y 8 000 angstroms de longitud de onda (1 angstrom = 10^{-10} metros). Decimos que contiene colores que van del violeta al rojo oscuro, pasando por el azul, el verde, el amarillo, etc. Entre los colores no hay líneas nítidas de separación, sino que se mezclan suavemente.

Veamos ahora el diagrama en su totalidad. Observamos que la relación entre la cantidad y la calidad de la consciencia está dada por una línea curva. Vemos también que la línea curva se vuelve casi paralela a la línea horizontal de la parte superior, que llamaremos el "absoluto". Notemos que, para cada salto de una realidad a otra más elevada, digamos de f_2 a f_3, hay un aumento relativamente pequeño de la cantidad de la consciencia. Por otra parte, en las realidades superiores, digamos de f_{10} a f_{11}, el aumento de la cantidad de la consciencia es muy grande. De hecho, este aumento se hace casi infinitamente grande a medida que la curva se aproxima al absoluto. Podemos decir, por tanto, que el absoluto contiene toda la consciencia que hay en el universo. **Es la fuente de toda consciencia.**

Fíjate en la flecha de la evolución, a la derecha de la figura 30. Apunta hacia arriba, hacia el absoluto. Esto implica que toda la materia del universo, empezando por el átomo, se mueve hacia arriba en niveles de consciencia bajo las fuerzas de la evolución, hasta que finalmente alcanza el absoluto. También significa que la materia se combina y se hace cada vez más compleja, formando sistemas nerviosos más intrincados a medida que pasa el tiempo, y estos sistemas nerviosos son capaces de interactuar con la naturaleza en patrones más complejos. En otras palabras, la calidad de su consciencia va en aumento.

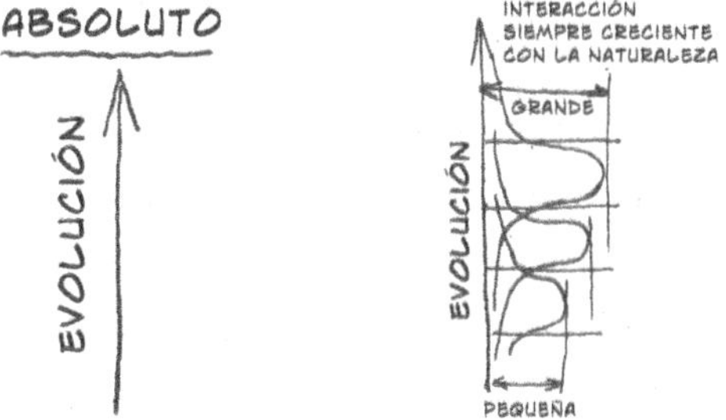

Pasemos ahora a las pequeñas curvas en forma de campana de la línea vertical izquierda. Llamémoslas "curvas de intercambio de energía". Vemos que las curvas bajas, cercanas a la línea inferior, son más pequeñas, mientras que cuanto más subimos verticalmente, más se incrementa la altura de las curvas de intercambio de energía. A medida que avanzamos en nuestra escala evolutiva, aumenta nuestra interacción con el entorno. En los niveles más altos, esto significa control sobre el entorno o la Naturaleza.

Uno puede preguntarse: ¿en qué se diferencia nuestra realidad de otras realidades? La respuesta es que nuestro sistema nervioso, que interpreta la realidad por nosotros, interactúa intensamente dentro de la banda de frecuencias que va de f_5 a f_6. Estamos, por así decirlo, sintonizados para intercambiar el máximo de energía con nuestro entorno actual, y nos hallamos en resonancia con él. Este es el significado de la curva de intercambio de energía. El pico de la curva se encuentra en el centro de nuestra banda de realidad, pero debes notar que la curva se extiende a la siguiente realidad más elevada y a las que están por debajo de la nuestra, las realidades animal y vegetal. Ese es nuestro ámbito normal de interacciones; lo sepamos o no, interactuamos con otros niveles.

Sabemos, por ejemplo, que si intentamos empujar el dedo índice a través de la superficie de una mesa, encontraremos dificultades debido a la resistencia que esta ofrece; si conducimos un auto a 100 km/h y chocamos con el pilar de un puente, comprobaremos que existe una fuerte interacción entre nosotros y el pilar. Sin embargo, si **soñamos** que conducimos el mismo auto a 100 km/h y chocamos con el pilar de un puente, la interacción no es tan fuerte como en nuestra realidad física. Nos despertaríamos ligeramente conmocionados y nos diríamos: "Me alegro tanto de que solo haya sido un sueño". Esta interacción es claramente menos fuerte... y menos costosa.

Probablemente ya estés sospechando que en algún lugar por encima de nosotros existe una realidad que es la realidad del sueño. Nuestra curva de intercambio de energía llega hasta allí, y la sobrepasa. La curva de intercambio de energía del siguiente nivel, que podemos llamar (utilizando la terminología esotérica

ESPIRITUAL
EMOCIONAL

GAS
EAT
HUMANO

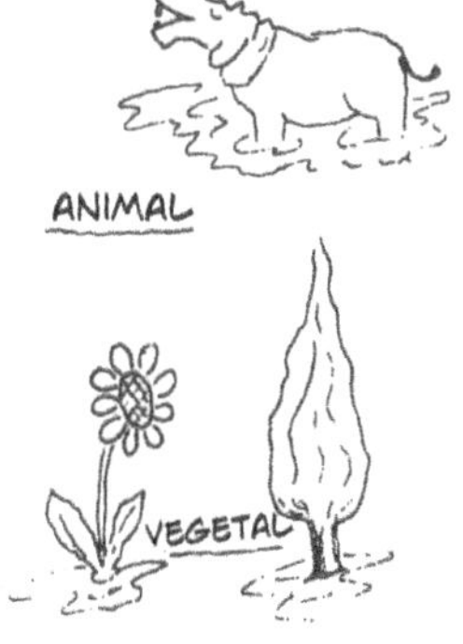
ANIMAL
VEGETAL

MINERAL

existente) el nivel "astral", es más elevada que la nuestra. La curva astral llega hasta nuestra realidad y, por debajo de ella, hasta la realidad mineral. Es evidente que la población de la realidad astral puede afectar nuestra realidad de forma bastante sustancial. Lo importante es resaltar que el pico de su curva de intercambio de energía es más elevado que el nuestro, lo que significa que puede interactuar con más fuerza que nosotros con su entorno y con la Naturaleza en general. Puede hacer que las cosas hagan "ruido de noche". Observemos también que, en el nivel superior al astral, f_8, la curva de intercambio de energía es aún mayor, de modo que su interacción con la Naturaleza y, por tanto, su consecuente control sobre la Naturaleza es aún más grande. A este nivel lo llamaremos el nivel "mental", como se le denomina en la mayor parte de la bibliografía sobre temas esotéricos. El nivel que hay por encima de este será el "causal" o intuitivo, que de nuevo muestra una mayor interacción de energías y un mayor aumento en la cantidad de consciencia por banda de realidad.

A medida que ascendemos en la escala de la evolución, nos encontramos con las denominadas realidades espirituales. Estas llegan hasta el absoluto. Observemos la muy elevada curva de intercambio de energía del nivel más alto, el espiritual. Esto implica un control total sobre la Naturaleza.

Podemos resumir las afirmaciones anteriores de este modo: debido a la capacidad de consciencia de la materia, parece que surge un espectro continuo de realidades. Por tanto, una roca contendrá menos consciencia que una planta o un perro. Esto conlleva un menor grado de control de la roca sobre su entorno, menos respuestas posibles y, por lo tanto, menos libre albedrío (es decir, si se puede hablar del libre albedrío de una roca). Pero no olvidemos que nosotros, los seres humanos, también tenemos un libre albedrío limitado. Cuanto más ascendemos en la escala de la evolución, mayor es el grado de libre albedrío y mayor nuestra capacidad de controlar o crear nuestro propio entorno.

También sabemos, por el capítulo 4, que los sistemas oscilantes o recíprocos tienden a dispararse muchas veces por segundo, a una velocidad casi infinita, hacia el salvaje azul más allá del universo tipo espacio. Pero como todo y todos hacemos esto (porque un átomo es un sistema oscilante), todos debemos encontrarnos y posiblemente interactuar durante esos cortos períodos de tiempo fuera. En otras palabras, toda la creación está en contacto constante e instantáneo, en el nivel del universo tipo espacio, con algunas criaturas más conscientes de ello que otras. Por lo tanto, la curva de intercambio de energía nunca llega a cero. Siempre hay alguna interacción a través de todos los niveles.

La jerarquía de las realidades: el absoluto

Recordarás que en los capítulos anteriores se mencionó que nuestra realidad está codificada en términos de movimiento y reposo. Recordemos también que cuando un oscilador se encuentra en estado de reposo, se proyecta en una dimensión tipo espacio que implica velocidades infinitas equivalentes al estado de reposo: se vuelve omnipresente. En otras palabras, ha alcanzado un estado de mero "ser" durante un brevísimo período de tiempo; pero cuando el oscilador se encuentra en estado de movimiento, las cosas siguen como siempre. De este modo, hemos separado los dos componentes de la realidad: el movimiento y el reposo.

Veamos ahora este estado de "ser". Cada vez está más claro que podemos equiparar el estado de ser con el absoluto, ya que ambos implican ausencia de movimiento, ausencia de acción y reposo total. Pero, al mismo tiempo, es un estado de gran energía potencial, porque este estado de reposo equivale a un movimiento infinitamente rápido. De hecho, podemos decir que los dos conceptos contrapuestos de movimiento y reposo se reconcilian en el absoluto. Podemos tomar este estado o realidad como la línea base, una línea de referencia absoluta con la que se puede medir todo lo demás en la creación. Este será entonces un componente siempre presente en todas nuestras realidades.

Tal vez recuerdes nuestro comentario sobre el holograma en el capítulo 1, en el sentido de que necesitamos dos componentes para formar una imagen o una "realidad". Uno es el haz de frecuencia de referencia; el otro, el haz "experimentado" o modulado fuera de fase. Solo cuando estos haces interactúan en el mismo plano, obtenemos una imagen. Dado que se trata de un dispositivo muy utilizado por la Naturaleza, podemos emplearlo también aquí como analogía. Pero es importante recordar que los dos rayos de luz láser proceden de una fuente común: el rayo único se divide en dos haces separados. El haz de referencia conserva inalterado el comportamiento de la fuente de luz, mientras que el haz funcional se distorsiona o "modula" por su contacto con los objetos que ilumina.

Podemos utilizar otra analogía como ejemplo para ayudar a explicar la naturaleza de los aspectos absolutos y relativos de la realidad. Representemos el absoluto con la imagen de un mar profundo, sin límites. La superficie es muy tranquila y tan suave que resulta invisible (Fig. 31). El absoluto es la referencia con la que comparamos todo lo demás. Ahora ondulemos la superficie de este mar (Fig. 32). Observamos cómo las olas aparecen y rompen la superficie lisa. Esta ondulación hace que la superficie sea visible de repente. Por analogía, cuando el movimiento o la vibración aparecen en el absoluto, se hacen visibles o manifiestos, y los denominamos realidad física o relativa.

Fig. 31 **Fig. 32**

El concepto importante a recordar es que el mar representa un componente omnipresente que constituye todas las realidades, y a este componente podemos denominarlo el ser absoluto o la consciencia pura.

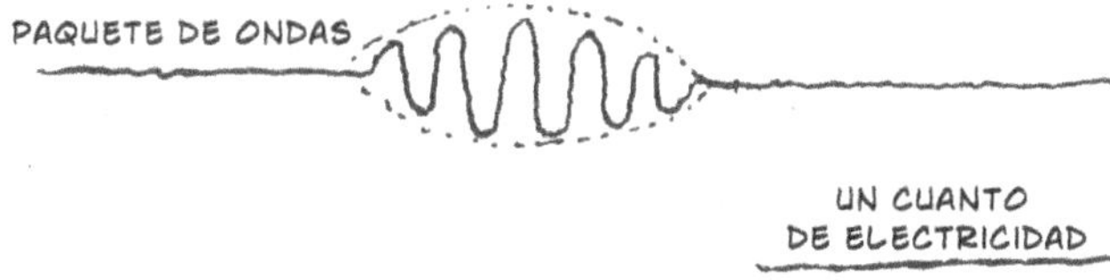

Podemos producir ondas u olas en este mar, pero las capas inferiores de agua nunca serán perturbadas; allí prevalecerá un estado de eterno descanso. También podemos comparar el tamaño de las ondas o las olas con las diferentes realidades que hemos comentado antes, y equiparar las ondas grandes y rudas con el extremo inferior del espectro de realidades, como se muestra en la figura 33B. Corresponderá a la parte que tiene una baja cantidad de consciencia y una baja frecuencia de respuesta, mientras que las ondulaciones muy finas, de alta frecuencia, corresponderán al nivel más elevado por debajo del absoluto.

Vayamos ahora al nivel más bajo de la materia —un cuanto de electricidad, un simple electrón— y preguntemos a un físico de qué está hecho este electrón. "Bueno", dirá, "es un paquete de ondas que tiene una cierta frecuencia de vibración; la frecuencia de vibración determina la energía del electrón". Ahora bien, si preguntamos qué es lo que vibra en este electrón o cuanto, la respuesta sería que "nadie lo sabe". Pero si utilizáramos la analogía del mar del absoluto, visualizaríamos el cuanto como un paquete de ondas en la superficie de ese mar. Vibra en relación a las capas tranquilas del mar infinito de la consciencia pura; ahora podemos responder a la pregunta de "qué es lo que vibra en este cuanto". **Lo que vibra es una unidad de consciencia pura.**

Aquí debemos hacer una corrección de algo que se había afirmado antes, cuando se sugirió que la materia "contiene" la consciencia. Esta idea se utilizó solo como apoyo temporal, para que te acostumbraras a pensar que la materia tiene algo que ver con la consciencia. Pero ahora el gato está fuera de la bolsa; la materia, al estar compuesta de cuantos de energía, es el componente vibrante y cambiante de la consciencia pura. Por lo tanto, podemos dividir la creación en dos componentes: lo absoluto y lo relativo. Lo absoluto es fijo, eterno e invisible, mientras que lo relativo es el **aspecto cambiante**, también visible y manifiesto. Puede ser áspero o fino, efímero o duradero, pero siempre se basa en lo absoluto.

Al aceptar este principio hemos resuelto el problema de la mente sobre la materia. La "solución" es que no hay diferencia básica entre ambas. Hasta ahora hemos tendido a asociar más fácilmente la mente con la consciencia, porque la mente es abstracta e intangible; la materia, en cambio, es sólida, dura, caliente o fría, y aparentemente muy diferente de la mente o la consciencia.

Cuando reconocemos que la realidad está formada por dos componentes, una línea de referencia inmutable o trasfondo, y un aspecto dinámico y vibrante de la misma cosa, entonces sabemos que tanto la mente como la materia están hechas de la misma sustancia básica. La diferencia entre ambas es que podemos considerar que la materia sólida está formada por ondas u ondulaciones más grandes y lentas, lo que implica que posee menos energía del absoluto, y que la mente está formada por ondulaciones mucho más finas, lo que implica que posee más de esta energía. Una buena analogía para esto serían los diferentes estados en los que se encuentra la materia en la Naturaleza. Podríamos comparar la materia sólida con el hielo, y la mente o la consciencia con el vaho o el vapor, siendo ambas la misma sustancia básica en formas diferentes. Las dos se manifiestan solo porque están cambiando, y este cambio puede medirse con respecto al mar básico del absoluto, que constituye tanto las ondas como el fondo. No necesitamos maravillarnos ahora acerca de las hazañas de la mente sobre la materia; no es tanto la mente "sobre" la materia, sino la mente "sobre" un aspecto diferente de sí misma.

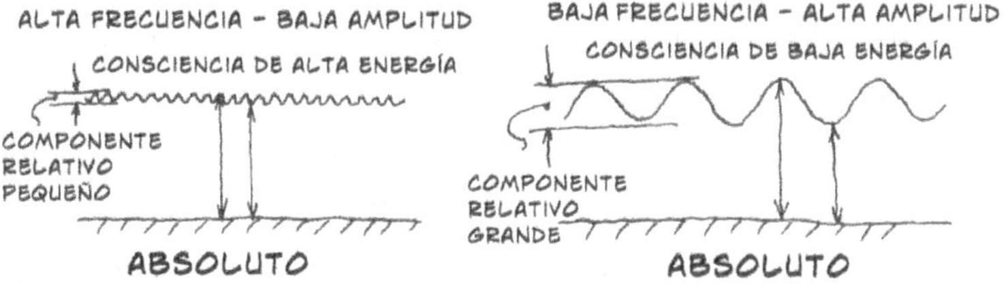

Fig. 33A **Fig. 33B**

Podríamos clasificar las distintas realidades por el tamaño de sus componentes relativos (Fig. 33). Tenemos una onda grande, ruda y de baja frecuencia, que representa lo relativo (Fig. 33B), lo cual significa que se trata de un tipo bajo de realidad; por su parte, en la figura 33A el componente relativo es muy fino, es decir, es de alta frecuencia y representaría una realidad superior, más refinada; digamos, una realidad espiritual. Lo mismo podemos decir de las personas. Todas las personas están formadas por componentes relativos y absolutos, pero algunas son más "relativas" que otras. Recordemos que, por muy relativos que seamos, seguimos estando hechos de la sustancia del absoluto.

¿Cuál era la naturaleza de nuestra realidad antes de que se iniciara el movimiento vibratorio? Evidentemente, el estado no vibratorio es la base de la realidad, que apareció cuando surgió el movimiento vibratorio y se convirtió en nuestra realidad física manifiesta. A la base no vibratoria podemos denominarla **protoespacio absoluto.**

A riesgo de complicar un poco las cosas, también podemos definir el absoluto como un relativo **infinitamente** sutil, es decir, donde el tamaño de las ondas es tan diminuto y su frecuencia tan elevada que son invisibles. Cuando esto ocurre tenemos una superficie que parece tranquila y lisa, pero que contiene una energía tremenda y **está llena de potencial creativo**. Esta es la verdadera definición del absoluto (en la medida en que puede definirse): es un potencial creativo de alta energía que, además, tiene inteligencia. La "inteligencia" añade una **capacidad de autoorganización** a cualquier entidad de la creación. Por lo tanto, las ondas de lo "relativo" surgen en una superficie que parece lisa, pero que en realidad está vibrando con el potencial de energía creativa. Cuanto menor es la amplitud de las ondas, mayor es la energía contenida por la superficie. Cuando las ondas se hacen tan pequeñas que las crestas y los valles, que son los puntos de reposo, se acercan tanto que se superponen, se alcanza un estado de reposo en el que el movimiento es solo movimiento potencial, y la energía del sistema se hace infinitamente grande.

El absoluto es, por tanto, un estado en el que **conceptos opuestos se reconcilian** y fusionan. **El movimiento y el reposo se funden en uno.**

La nuestra es, pues, una realidad vibratoria, desde el nivel subnuclear al atómico, pasando por el molecular y los macroniveles. **Todo oscila entre dos estados de reposo.** Todo está produciendo "sonido".

En el siguiente capítulo profundizaremos en cómo se manifiesta la consciencia en las diferentes realidades, y en cómo vemos esto desde nuestra posición ventajosa en la escala de la evolución.

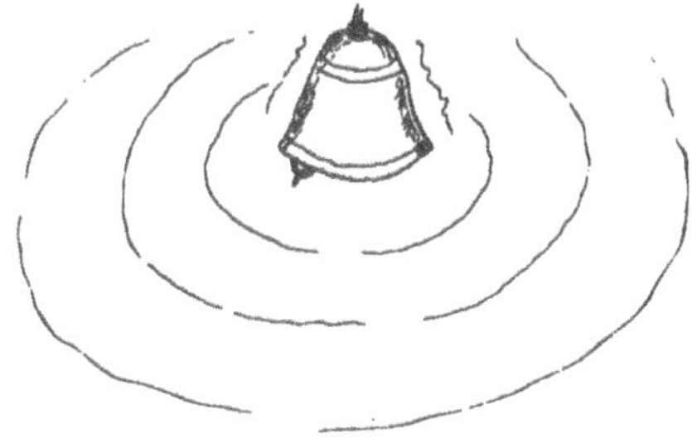

Resumen

Hemos descrito la evolución de la materia en términos de evolución de la consciencia. La tendencia de la evolución es hacia sistemas cada vez más complejos, lo que implica niveles de consciencia cada vez más elevados.

La materia forma sistemas "vivos" en un determinado punto del diagrama, conectando la cantidad con la calidad de la consciencia. Las curvas de intercambio de energía nos dan una medida de nuestra capacidad para interactuar con nuestro entorno o realidad.

Cuanto más amplia sea nuestra frecuencia de respuesta, mayor será el número de realidades en las que podemos funcionar.

Un esquema de los diferentes niveles de consciencia o realidades incluye los que están por encima y por debajo de la realidad humana.

La jerarquía de realidades está encabezada por el "absoluto". El absoluto es la base de todas las realidades. En su forma no manifiesta es una energía potencial e inteligente. Cuando se ondula o modula se convierte en la base de la materia física tangible de nosotros y de los objetos individuales.

6. REALIDADES RELATIVAS

Realidad mineral

Comencemos por las realidades más bajas de nuestro diagrama (Fig. 30) y vayamos subiendo hacia el absoluto. Intenta visualizarte como una roca. Es difícil, por supuesto, pero si nos esforzamos lo suficiente para entrar en la realidad de la roca, podremos darnos cuenta de que tendríamos una percepción tenue de, digamos, el calor y el frío, la luz y la oscuridad. Habría cierta comunicación con otras rocas, pero se limitaría posiblemente a un leve reconocimiento de la presencia de algo más. La "vida social", por supuesto, sería muy limitada en estas condiciones. El aspecto importante de esta situación es que no hay crecimiento, solo desgaste.

La curva de intercambio de energía se extiende hasta la realidad vegetal y nunca llega a cero; es decir, no toca la línea vertical, lo que significa que siempre hay algún intercambio de energía con otros niveles.

Realidad vegetal

Lo primero que observamos al comparar la realidad vegetal con la realidad mineral es que en ella hay crecimiento y reproducción. Hay lo que llamamos "vida". La cantidad de consciencia es mayor, y también lo es la respuesta a los estímulos. Naturalmente, hay adaptación a las nuevas condiciones, lucha por la supervivencia y consciencia aguda de la luz y la oscuridad. Hay una animada "vida social" e incluso vida sexual; esta última, por supuesto, realizada discretamente a través de un tercero.

La mayoría de nosotros hemos oído hablar de experimentos que demuestran que las plantas responden a las emociones humanas: a las amenazas, al amor, etc. (*La vida secreta de las plantas**, de Peter Tompkins y Christopher Bird, es la mejor fuente de información sobre este tema). La realidad vegetal es un gran salto desde el nivel mineral, pero es relativamente estática, ya que la capacidad de movimiento de las plantas se limita al crecimiento. Obsérvese que la curva de intercambio de energía de las plantas se extiende dentro y más allá de la gama básica de frecuencias de la realidad humana.

Realidad animal

Aquí tenemos un abanico más amplio de emociones. Hay libertad de movimiento en tres dimensiones. Hay comunicación dentro de la especie y con otras especies. Los animales domésticos pueden comunicarse con los humanos. Existe una consciencia de grupo en forma de instinto de manada. Algunos animales utilizan herramientas ingeniosas y muy inteligentes, por no hablar de las marsopas que, a juzgar por la complejidad y el tamaño de sus cerebros, podrían rivalizar con los humanos en inteligencia.

Si observamos la figura 30, vemos que la curva de intercambio de energía de la realidad animal se extiende hasta el nivel superior al humano y a la realidad vegetal, lo que significa que los animales

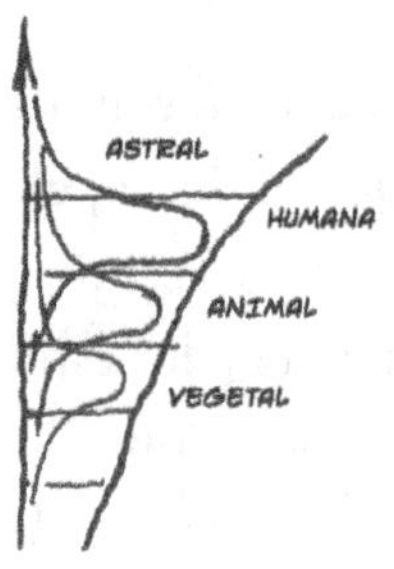

* Tompkins, Peter y Christopher Bird, *La vida secreta de las plantas*, México, D.F.: Diana, 1980].

pueden comunicarse con el hombre y las plantas. Observemos que la curva de intercambio de energía nunca llega a cero. Existe una consciencia mínima y constante por parte de los seres pertenecientes a una realidad con respecto a los de las otras realidades. Esto es así porque el elemento común unificador de toda la creación es la consciencia, y a través de este puente todas las cosas están en contacto constante, como veremos más adelante.

Realidad humana

Todos conocemos la realidad humana, pero lo que probablemente la mayoría de nosotros no sabe es que se puede enseñar a la consciencia humana a expandirse y aprender a interactuar con todo el espectro de realidades que hemos descrito en nuestro diagrama. Este es el verdadero significado de la frase "expansión de la consciencia", lo cual implica que nuestro sistema nervioso cerebroespinal es capaz de desarrollarse hasta tal punto que podamos sintonizar con cualquiera de estas realidades, desde los niveles minerales más bajos hasta los niveles espirituales más elevados. La expresión "desarrollo del sistema nervioso", tal como se utiliza en este libro, es sinónimo de expansión de la consciencia.

Mucho se ha dicho sobre los efectos de las drogas en la expansión de la consciencia. Estas drogas no expanden la consciencia; más bien la alteran y tienden a canalizarla hacia niveles particulares. Estos niveles pueden estar por encima o por debajo de la realidad humana mostrada en nuestro diagrama. Tener un "mal viaje" significa que la consciencia se proyecta a una realidad por debajo de la humana y, naturalmente, se experimenta como una realidad de pesadilla.

A veces la consciencia se proyecta a realidades superiores a la nuestra; entonces se tiene un "buen viaje". Sin embargo, todas estas experiencias están necesariamente distorsionadas, porque la droga impide que el cerebro funcione con normalidad. Además, hay poco control sobre los acontecimientos o niveles en los que uno entra. Lo único positivo de estas drogas es que nos muestran que vemos nuestra realidad a través de una pequeña ventana y que hay mucho más. Por otro lado, el uso prolongado de drogas destruirá la capacidad del sistema nervioso para evolucionar normalmente en dirección a los niveles superiores mostrados en nuestro diagrama por la flecha de la evolución. Esto se debe a la inestabilidad del sistema nervioso producto del uso prolongado de drogas*. Para poder interactuar en un determinado nivel de consciencia o realidad, la mente tiene que estar muy firme y clara.

A estas alturas no te sorprenderá que utilicemos los términos "realidades" y "niveles de consciencia" como conceptos intercambiables. A medida que profundicemos en el capítulo, espero demostrar que las realidades son estados de consciencia, tomando ejemplos de libros bien conocidos sobre el tema.

En años recientes han aparecido varios libros excelentes precisamente sobre este tema y de varios autores, entre ellos los de Carlos Castaneda†. Al leer sus obras uno se hace una buena idea de lo que entendemos por "comunicación a través de diferentes realidades". Los animales y las plantas o los dioses de las plantas

---

* Creo que esto es así en la mayoría de los casos.

† Castaneda, Carlos, *Las enseñanzas de Don Juan*. México: Fondo de Cultura Económica, 1974. Castaneda, Carlos, *Una realidad aparte*. México: Fondo de Cultura Económica, 1982. Castaneda, Carlos, *Viaje a Ixtlán*. México: Fondo de Cultura Económica, 1975.

se comunican con los humanos. Los espíritus del agua, de las rocas, etc., son muy activos, y empezamos a comprender el nivel de consciencia en el que tiene lugar toda esta actividad. Está bastante claro que el brujo opera sobre todo en las realidades vegetal y animal. A lo largo de los libros de Castaneda, el sentimiento general es que uno está en constante peligro: "Si haces esto, te matarán; si haces aquello, sobrevivirás". Uno es un "guerrero", en el sentido de que mata o lo matan. Esta es la realidad animal, el instinto de supervivencia en funcionamiento. Los seres de esta realidad carecen del conocimiento de las realidades superiores; por eso no encontramos ni una sola vez las palabras "amor" o "Dios" mencionadas en los tres primeros libros de Castaneda. Este conocimiento aparece más arriba en la escala de la evolución. En sus *Relatos de poder*, sin embargo, encontramos que los maestros brujos don Juan y don Genaro tienen el conocimiento de realidades superiores que alcanzan y probablemente superan el nivel causal. Consiguen "dividir" a Castaneda y demostrarle sus dos componentes: la "personalidad" racional y material, por un lado, y la consciencia pura por el otro. El amor aparece en don Genaro como amor a la Tierra, la masa de materia mineral que posee una enorme cantidad de consciencia. Este gran ser corresponde a su amor otorgándole poderes insólitos.

Tal vez convendría explicar en este momento las extrañas entidades que acabamos de mencionar: el dios o espíritu de las plantas y los espíritus de las rocas, del agua, etc., que aparecen en los libros de Castaneda y en el folclor de muchos pueblos. Ahora estamos armados con el conocimiento del absoluto, y sabemos que la materia representa la consciencia de una cierta cantidad y calidad, pero aquellos que todavía tienen dificultades con este concepto pueden mantener la idea de que la materia "contiene" una cierta cantidad de consciencia.

Dualidad onda-partícula

Veamos ahora el posible mecanismo que subyace a estos fenómenos. El principio de la dualidad onda-partícula es válido no solo en el ámbito limitado de los fotones, los electrones o las partículas nucleares, sino también en los agregados más grandes de la materia. Por esta dualidad entendemos, por ejemplo, que la luz puede representarse como un campo de radiación, pero cuando nuestros ojos o instrumentos interactúan con este campo, perciben esta radiación en forma de pequeñas balas o fotones: las partículas individuales de la luz. Así pues, tenemos un campo de radiación electromagnética continua que cuenta con un carácter ondulatorio, pero que no vemos ni con nuestros ojos ni con instrumentos. Solo se manifiesta cuando incide en nuestra retina; pero cuando lo hace, se comporta como partículas individuales y discretas conocidas como fotones.

Vale la pena reflexionar sobre ello. Suena bastante similar a nuestra discusión sobre cómo lo relativo o manifiesto surge del absoluto. El absoluto es análogo al campo liso de la radiación, pero para manifestarse y hacerse visible tiene que producir ondulaciones en su superficie; tiene que cuantificarse o granularse, lo que hace que su superficie sea visible.

En nuestro ejemplo de la luz, el campo de radiación se manifestó como partículas (fotones) solo cuando interactuó con nuestra retina. Se produjo un proceso de **individuación** del continuo que hizo posible que nuestros sentidos interactuaran con la luz. Proponemos que este proceso de individuación o dualidad onda-partícula es válido, como ya se ha dicho, a una escala mucho mayor en la Naturaleza.

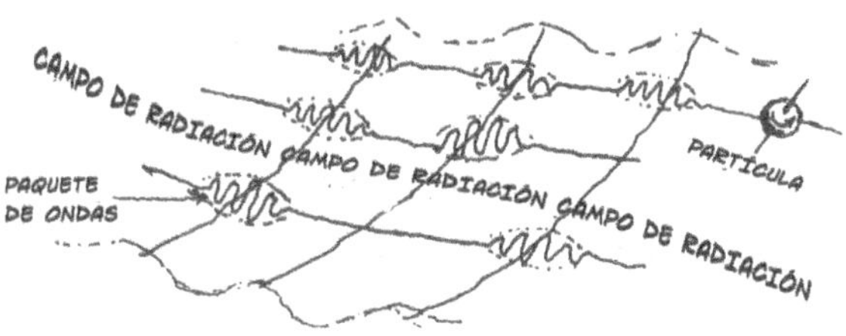

Construcción y mantenimiento de un espíritu de la Naturaleza

Imaginemos ahora este principio en acción y veamos si podemos explicar o, mejor aún, diseñar y fabricar un espíritu de la Naturaleza o incluso un dios menor de los elementos de la Naturaleza. En primer lugar, tenemos que elegir un continuo. Tomemos un valle suave. Supongamos que hay una gran formación rocosa que sobresale de este valle. Ahora tenemos un individuo. Está definitivamente separado del valle, aunque solo lo veamos en contraste con él.

Sabemos que la materia es consciencia (o, si lo prefieres, que **contiene** consciencia). Esta consciencia, si es suficiente (una masa crítica), desarrollará una tenue consciencia de sí misma. A lo largo de millones de años, esta tenue consciencia puede fortalecerse hasta convertirse en una identidad más nítida, posiblemente a través de la interacción con otras criaturas. Si un animal encuentra un escondite en la formación rocosa, se sentirá agradecido con la roca por su refugio y la roca lo sentirá. Y su ego se verá reforzado si un pájaro viene, hace un nido y pone huevos en ella. La evolución de la vida y la consciencia del pájaro, que es superior a la de la roca, dará a su consciencia un empujón hacia arriba. Tarde o temprano, la consciencia de la roca evolucionará hasta convertirse en un "espíritu de la roca". A estas alturas habrá aprendido que, si brinda su protección a estas criaturas, ellas responden con sentimientos de gratitud. Poco a poco, por lo tanto, empieza a comprender que este asunto consiste en protegerlas. Pronto le agarra el gusto y atrae más criaturas. En pocas palabras, está involucrada. Estar en estrecho contacto con seres vivos acelerará su evolución, por así decirlo, y ampliará su gama de respuestas. Tendrá una frecuencia de respuesta relativamente baja, que corresponde a la del nivel mineral de consciencia, pero en este caso estará en lo más alto de la banda que delimita la consciencia mineral. Bordeará la consciencia vegetal y su curva de intercambio de energía alcanzará la de la región astral. Por lo tanto, cuando un ser humano, que sea sensible a la Naturaleza, llega finalmente a esta roca, sentirá que hay algo especial en ella. Producirá en él algún sentimiento particular, ya sea de protección o de repulsión.

Que esto quede entre nosotros: un espíritu como este se halla todavía muy poco evolucionado y es estúpido, por lo que puede querer mostrar su destreza al hombre produciendo algún truco tonto. Cuando esto ocurra, el hombre, si se da cuenta, quedará debidamente impresionado. Se acercarán otras personas que hayan oído hablar de los sucesos en torno a la roca. También serán testigos de los trucos y pronto se formará un culto. Esto estimula enormemente el ego del espíritu de la roca, porque los pensamientos de la gente que se concentra en él aumentan su poder.

Veamos por un momento el efecto de los pensamientos sobre las cosas o las personas. Un pensamiento es energía que hace que las neuronas del cerebro se disparen siguiendo un patrón determinado. Eso produce naturalmente pequeñas corrientes a lo largo de caminos definidos en la corteza cerebral, que pueden identificarse con instrumentos sensibles a través de electrodos colocados en la superficie del cráneo. En otras palabras, un pensamiento que comienza como una pequeña agitación acaba convirtiéndose en un pensamiento completo, que produce al menos un potencial de 70 milivoltios en algún lugar de la corteza cerebral. Dispara la primera neurona, que a su vez hace que se disparen otras en una secuencia determinada. Sin embargo, en este universo no se pierde energía. Si podemos captar la corriente producida por el pensamiento fuera de la cabeza, significa que la energía del pensamiento se emitió en forma de ondas electromagnéticas a la velocidad de la luz, hacia el entorno y finalmente hacia el cosmos.

Ahora bien, esto es un asunto serio, sobre todo porque la energía del pensamiento puede focalizarse. Mientras estemos sentados y produciendo pensamientos ociosos, la energía del pensamiento será difusa y con el tiempo se dispersará, debilitará y desaparecerá. Sin embargo, cuando nos concentramos conscientemente y enviamos pensamientos coherentes, esa energía del pensamiento o forma de pensamiento incidirá en la persona a la que iba dirigido dicho pensamiento. Hablaremos de esto con mayor detalle más adelante.

Ahora volvamos a nuestro "espíritu de la roca". Hemos dicho que cuando la gente se concentra en él, aumenta inmensamente su capacidad de hacer cosas, porque es estimulado por el nivel de energía producido por el sistema nervioso humano. Se codea con la realeza. A partir de aquí, todo se incrementa, como si fuera una bola de nieve. Podrá hacer trucos más impresionantes, que asombrarán a los pueblos primitivos, y finalmente le ofrecerán sacrificios para atraerlo a su lado. O, si creen que puede enfadarse por su actividad dentro de su jurisdicción, le ofrendarán sacrificios para apaciguarlo. Se sabe que en las minas de cobre de Perú, los mineros sacrifican llamas al espíritu de la mina todos los años, con gran pompa y ceremonia. Según los mineros, este espíritu, que es la consciencia individualizada de una veta de cobre, se apaciguará con ese sacrificio y no dañará ni causará accidentes a las personas que trabajan en la mina que, en efecto, están excavando y disminuyendo su cuerpo.

Con el tiempo, el "espíritu de la roca", que comenzó como una consciencia vaga y tenue en una masa de materia, se convierte en un espíritu poderoso o en un dios tribal. Ahora que hemos seguido con éxito la evolución del espíritu, podemos comprender un poco mejor el significado de Mescalito, el espíritu de la planta de peyote descrito por Carlos Castaneda en *Las enseñanzas de Don Juan*. Se trata de una entidad más evolucionada que representa la suma total de la consciencia de todas las plantas de peyote en una determinada zona; es decir, es su consciencia de grupo. Se trata de plantas con un nivel de consciencia relativamente alto, ciertamente superior al de una roca. Mescalito, por lo tanto, es más inteligente y tiene una mayor variedad de respuestas que el espíritu de la roca. Está en contacto constante con los humanos, que lo ven como un "aliado". Ellos lo atienden y él responde actuando para ellos a su manera. Al principio no era más que una carga espacial, una nube de baja consciencia. A medida que fue ganando energía, es posible que desarrollara una forma más definida, al principio sombría. Más tarde, cuando la consciencia humana interactuó con él, pudo haber resonado con los pensamientos humanos y haberse creado un cuerpo que se ajustaba a sus expectativas y que podía ser visible para personas tan sensibles como los clarividentes.

Más sobre la individuación

En cierto modo, todos estos dioses menores o espíritus de la Naturaleza dependen de la energía que obtienen de los demás para su poder. Al igual que los políticos, su poder e influencia dependen del tamaño y la fuerza de su electorado. Con el tiempo, a medida que su electorado disminuye, se desvanecen de la escena, al igual que los dioses de los pueblos antiguos, por ejemplo, Baal, Moloch, los dioses griegos y romanos, etc. Solo permanecen con un cierto valor nominal, suficiente para tener una tarjeta de la seguridad social para la pensión por vejez.

Ahora que nos hemos vuelto bastante hábiles analizando y sintetizando dioses, podemos hacer un rápido intento y ver si se nos ocurre un dios práctico que haga funcionar el clima local.

Una masa de aire es consciencia o tiene consciencia. Existe un gran patrón general de vientos a escala global, como los alisios. Esa masa de aire estaría representada por una entidad muy grande, sustancial, cuyo nivel de consciencia correspondería al nivel mineral. Este, a su vez, delegará la responsabilidad del clima local a entidades más pequeñas, **contenidas en él**, que conocen las necesidades locales. Estas entidades harán hasta lo imposible para que todo el mundo esté contento en unas condiciones determinadas.

Un tornado es una individuación típica de una masa de aire de alta energía. Otra es un huracán. Tal vez recuerdes que, antes de empezar a analizar a los dioses de una forma tan realista, hablamos de la dualidad onda-partícula o individuación. Un tornado o un espíritu de la Naturaleza es una buena demostración de tal individuación. Esto es válido para todos los niveles de la Naturaleza, hasta el absoluto. De tal suerte que podemos decir que la Naturaleza es modular. La entidad más grande, el universo, contiene entidades más pequeñas que a su vez contienen entidades más pequeñas, que a su vez contienen entidades aún más pequeñas, y así hasta el infinito. El término "modular" significa que una unidad siempre se dividirá en unidades integrales más pequeñas.

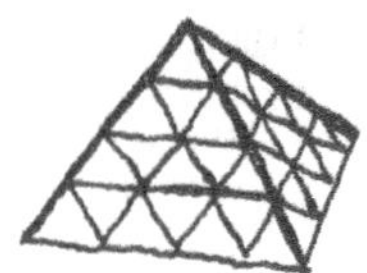

La brecha de la comunicación

Al leer esto, ¿no tienes la sensación de que estás en una isla y de que hay mucha acción a tu alrededor, pero que de alguna manera tienes los ojos vendados, porque parece que no ves nada de esa acción? Bueno, por desgracia, esa es la verdad sobre nosotros, los humanos.

Hemos visto cómo la consciencia mineral puede extenderse hasta la denominada realidad astral, una realidad superior a la nuestra; es decir, el estado de consciencia normal de vigilia. Hay que reconocer que la figura 30 es un intento bastante simplificado de expresar en dos dimensiones aspectos de la consciencia que son multidimensionales. No todo es tan regular como muestra el diagrama. Sin embargo, es un buen recurso preliminar que nos permite dar cierto orden a estas cosas complejas.

Veamos el nivel de consciencia o realidad por encima de nuestro estado de vigilia humana. Puede ser interesante observar que los humanos pasamos con bastante frecuencia al siguiente nivel que está por encima de nosotros, el denominado nivel astral. De hecho, aparecemos allí durante nuestros episodios de sueño cada noche, especialmente durante los períodos REM* de sueño activo, que ocurren unas cinco veces por noche. En estos períodos llevamos a cabo actividades que suelen tener una gran carga emocional. (A menudo, en los sueños REM nos encontramos con personas y animales, lo que significa que alcanzan ese nivel de consciencia, como muestra la curva de intercambio de energía. Estos seres actúan como accesorios o participan activamente en nuestras situaciones oníricas). Lo típico de este nivel de consciencia es que nuestro yo mental-racional parece estar

* El sueño REM (por las siglas en inglés de Rapid Eye Movement) o movimientos oculares rápidos, se caracteriza por movimientos oculares activos, y al mismo tiempo, por un cuerpo completamente relajado. Los ojos parecen seguir alguna acción animada. Estos períodos se repiten aproximadamente cada 90 o 100 minutos durante unos 5 o 7 minutos.

ausente. Nos contentamos con soportar situaciones que no podríamos tolerar en nuestra realidad de vigilia. Supongamos que soñamos con un caballo verde que habla por teléfono en una cabina pública. Es probable que, en nuestro sueño, no nos moleste en lo más mínimo. No reaccionaríamos con nuestra razón y diríamos: "No, no puede ser", sino que percibiríamos que se trata de un caballo agradable, que no nos amenaza de manera alguna, y que no hay nada malo en que un caballo hable por teléfono. En resumen, reaccionaríamos a esta situación emocionalmente y no intentaríamos razonar y averiguar cómo ha podido meter una moneda en el aparato telefónico.

Realidades astrales

Nótese que todas las realidades inferiores que hemos mencionado antes aparecen en el nivel astral. El nivel astral es una vasta realidad que sirve como puente de conexión entre todas las realidades "físicas": la mineral, la vegetal, la animal y la humana, con o sin cuerpo físico. Durante nuestro estado de vigilia no solemos funcionar allí, pero hay varias descripciones de personas que pueden ir a la realidad astral a voluntad, y que se han enseñado a sí mismas a funcionar bastante bien en ella.

Hemos hablado de los libros de Castaneda en los que menciona haber "soñado" consigo mismo, como otro yo que actuaba independientemente de él. *Viajes fuera del cuerpo*, de Robert

A. Monroe (*op. cit.*) trata exclusivamente de los llamados viajes astrales. Una vez más, vemos aquí que el funcionamiento en el nivel astral está dominado por la emoción.

¿Por qué la Naturaleza nos hace operar en el plano astral durante el sueño? Sabemos que la flecha de la evolución apunta al nivel astral desde el físico. Según nuestro diagrama, toda la materia se moverá a través de esos niveles bajo la presión de la evolución. Lo que la Naturaleza hace durante el sueño es simplemente darnos un "avance de los acontecimientos venideros", como en una sala de cine. De este modo, la Naturaleza nos va dando a conocer gradualmente el funcionamiento de nuestro siguiente nivel, para evitar el impacto de un ajuste repentino cuando finalmente nos traslademos allí para una estancia más prolongada: la denominada como muerte. La figura 34A muestra una parte ampliada de la figura 30 para abordar este asunto. Se trata de un diagrama muy simplificado. No tiene en cuenta a los seres que se mueven mucho más rápido que el promedio a lo largo del sendero evolutivo, los cuales se dedican a prácticas espirituales. Muestra que una persona promedio abarca en el presente al menos tres niveles de consciencia, es decir, el físico, el astral y el mental. Cada espiral de la hélice representa muchos ciclos de "vida-muerte".

CICLOS SUCESIVOS DE VIDA

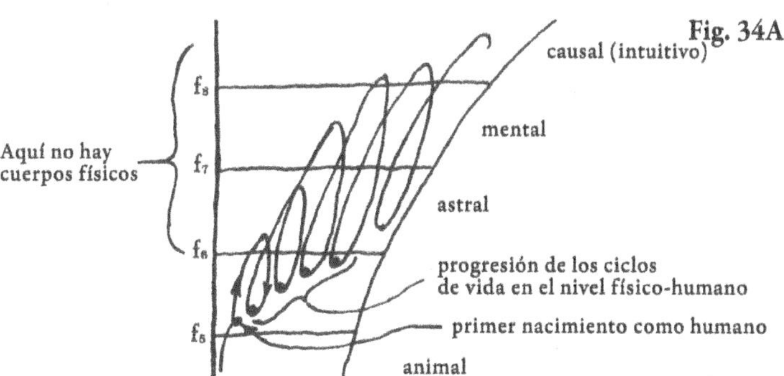

Como ejemplo, sigamos la vida de una persona nacida en la parte inferior de la realidad física humana. "Inferior" no significa un estatus económico más bajo, más bien se aplica a una persona que tiene un sistema nervioso poco desarrollado, en términos de evolución de la consciencia y de su capacidad para interactuar con los niveles superiores; en otras palabras, un humano puramente materialista. Cuando una persona así muere, aparece también en el nivel bajo correspondiente del plano astral. Esta es la "zona baja" de la región astral, la más cercana a lo físico en su frecuencia de respuesta. Por lo tanto, la interacción entre la región astral y el nivel físico es fácil. Fenómenos psíquicos de tipo *poltergeist*, los fantasmas acechantes, las personalidades de la tabla ouija, los espíritus de posesión, etc., pertenecen a esta categoría general de bajo nivel. Este es el significado del triángulo sombreado que se forma por el cruce de las dos curvas de intercambio de energía en la figura 34B.

CURVAS DE INTERCAMBIO DE ENERGÍA

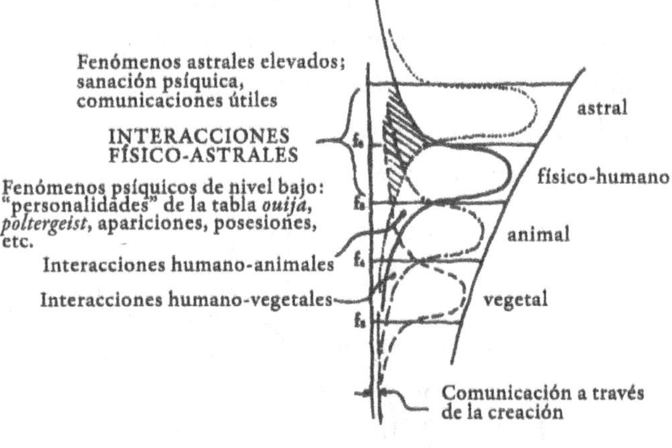

Fig. 34B

Ahora observa cómo una hélice ascendente conecta los niveles humano y astral (Fig. 34). Esta hélice comienza en el nivel inferior de la evolución humana. La entidad "muere" y vive durante un tiempo en la región astral inferior; luego, siempre y cuando haya progresado lo suficiente, renace en un nivel ligeramente superior de la existencia humana.

Estoy sugiriendo aquí, como habrán notado, que los "muertos" no están tan muertos como a la mayoría de nosotros nos gustaría creer. Es probable que en este punto se levanten muchas cejas, porque hemos llegado a un tema delicado y controvertido: el de la reencarnación. No es que hasta ahora hayamos tratado solo temas agradables y anodinos, sino que se presentaban como cuestiones especulativas. En otras palabras, nuestros comentarios se referían al plano mental. En cambio, el tema de la reencarnación tiene un impacto emocional en muchas personas.

A aquellos lectores que necesiten un enfoque más objetivo sobre la reencarnación, les sugiero leer un cuadernillo titulado "Deathbed Observations by Physicians and Nurses"*, de Karlis Osis, y los libros de Ian Stevenson (*Veinte casos que hacen pensar en la reencarnación*†) y Raymond A. Moody, Jr. (*Vida después de la vida*‡). Mientras tanto, continuemos con nuestra hélice en ascenso.

En cada vuelta de la hélice, la unidad humana de consciencia renacerá la próxima vez, esperamos, en un nivel superior. Cuando ese ser haya aprendido todo lo que hay que aprender en el nivel físico de la evolución, pasará a la región astral y no volverá a la existencia física. Es decir, ya no necesitará de un cuerpo físico, sino que continuará viviendo en las realidades astrales, que serán tan reales y sólidas para él como nuestro nivel lo es para nosotros. La razón de esto, naturalmente, es que el intercambio de energía con su entorno es máximo en esa realidad. Algo bueno de la

---

* Parapsychology Foundation, Inc., 29 West Fifty-seventy St., Nueva York, N.Y. 10019.

† Stevenson, Ian, *Veinte casos que hacen pensar en la reencarnación*. Madrid: Mirach, 2006.

‡ Moddy, Raymond A., *Vida después de la vida*. Madrid: EDAF, 1977.

realidad astral es la capacidad de manipular el tiempo. El tiempo se vuelve maleable y subjetivo. Las realidades astrales se encuentran en la región intermedia entre nuestro universo temporal y el universo espacial descrito en el capítulo 4.

A los lectores que aún tengan problemas para digerir las afirmaciones anteriores, les sugiero que las comprueben por sí mismos elevando su nivel de consciencia hasta el punto en que sean capaces de funcionar en los niveles astrales. Esto es relativamente fácil de hacer, pero requiere tiempo. Hay muchas técnicas meditativas que los llevarán allí; sin embargo, hay que tener mucho cuidado de no salir desprotegido al plano astral. Como se mencionó antes, el estrato límite entre lo físico y lo astral está poblado por criaturas del tipo más bajo: criminales, borrachos, etc. Que no tengan cuerpo físico y estén "muertas", no cambia su personalidad ni su inteligencia. Estos entes atacarán al turista desprevenido; por lo tanto, se requiere la protección de un maestro experimentado antes de intentar incursiones en lo desconocido. Ir sin protección equivaldría a entrar con los ojos vendados en algún barrio peligroso de una gran ciudad. A uno lo podrían atracar, golpear y robar en los primeros minutos del experimento.

Realidad mental

Una vez que la unidad humana de consciencia ha resuelto sus problemas emocionales, la evolución la conduce a los niveles mentales de consciencia. Probablemente hayas observado en la figura 34 que, cuando uno "muere" en el nivel astral, su hélice lo lleva a la realidad mental. Hay mucho intercambio de energía entre los dos niveles; no son excluyentes, y entidades del nivel astral superior pueden recorrer las regiones mentales. Una vez más, esta realidad es sólida para sus habitantes. La gran diferencia entre las realidades física y no física es la capacidad de crear instantáneamente el propio entorno mediante el poder del pensamiento o del deseo. En realidad, esto también ocurre en el plano físico, pero lleva mucho más tiempo y se requiere pensar y hacer mucho más antes de que pueda producirse un cambio en nuestro entorno. Una buena descripción popular de las realidades mentales y de nuestra realidad, tal como se ven desde los niveles mentales, son dos libros de Jane Roberts: *Habla Seth* y *La naturaleza de la realidad personal**. En estas realidades, la unidad humana ha superado su tendencia a actuar emocionalmente, una herencia que se remonta al nivel animal. En el nivel mental dominan la mente equilibrada y la búsqueda del conocimiento práctico o teórico. La única emoción permitida en este nivel es el amor.

Realidad causal (intuitiva)

Después de cientos, quizás miles de ciclos de vida, podemos encontrarnos en el nivel causal. Mientras que en los niveles mentales la búsqueda del conocimiento era primordial, aquí el conocimiento parece llegar fácilmente. Por eso esta realidad se denomina nivel intuitivo. El conocimiento llega de forma no lineal. Antes teníamos que aprender un tema a partir de enlazar trozos de información de uno en uno. En este nivel el conocimiento llega en grandes trozos, impresos en la mente en una fracción de segundo. A veces viene en forma de diagramas sencillos o en formas simbólicas. Tras la impresión, de ser necesario la mente analiza la información de la forma habitual; es decir, si hay necesidad de traducir este conocimiento en un conocimiento humano normal a nivel físico.

---

* Roberts, Jane, *Habla Seth: la eterna validez del alma*. México: Luciérnaga Océano, 1998 y *La naturaleza de la realidad personal*. New Awareness Network Inc., 2023.

Los habitantes de esa región no necesitan traducir los conocimientos a una forma lineal como la que conocemos, y comprenden perfectamente la información contenida en esos símbolos condensados.

El proceso creativo

Ahora podemos entender las visiones creativas de artistas, científicos e inventores que se basan en estos bloques de conocimiento intuitivo para progresar en sus campos. Se sabe que estos momentos de percepción se producen después de que la persona se ha saturado con un conocimiento detallado sobre todas las posibles vías que pueden conducir a la solución de su problema. Sin embargo, todo lo que tiene es un embrollo de detalles, sin ningún patrón elegante y económico que los conecte. Entonces, de repente, en un momento de relajación, cuando menos lo espera, es como si el cielo se hubiera abierto por un segundo y llega la solución al problema. El conocimiento se recibe en bloque, todo de golpe, con todos los detalles visibles y encajando en un orden elegante. Puede ser la culminación de años de búsqueda, y todo queda impreso en la mente en un destello intuitivo. La información se imprime en la mente y luego se decodifica en nuestro modo lineal normal, mientras la persona aún se encuentra en un estado de éxtasis gozoso. Lo que ha ocurrido en realidad es que, en un momento de relajación, cuando la mente no estaba ocupada con ningún problema en particular o tal vez se hallaba en un estado de ensoñación, se proyectó a sí misma dentro de los niveles intuitivos o causales durante un brevísimo período de tiempo, tal como se describe en el capítulo 4. En ese momento, la unidad de consciencia vio la solución, puesto que las soluciones a todos los problemas ya están presentes en el universo tipo espacio (como se explicará en el capítulo sobre cosmología). En otras palabras, la solución se recibió cuando la mente se encontraba momentáneamente en un estado alterado de consciencia. En ese estado, el tiempo subjetivo se expandió, de modo que hubo lugar suficiente para buscar y retener la solución. En resumen, la mente estuvo resonando en ese nivel elevado durante un tiempo y pudo absorber la información disponible. Naturalmente, este tipo de experiencia emociona mucho al receptor. Siente que ha experimentado algo místico, fuera de lo común, y así ha sido. La sensación de que "el tiempo se ha detenido" es una experiencia muy común en estos casos.

Es la forma que tiene la Naturaleza de comunicarse con sus criaturas favoritas: las personas creativas de todos los ámbitos de la vida.

Los otros cuerpos

Llegados a este punto sería bueno resumir lo que hemos discutido hasta ahora sobre los niveles de consciencia.

Hemos visto cómo un conjunto de consciencias o la unidad humana de consciencia se mueve lentamente bajo la presión de la evolución y en dirección a una mayor complejidad, un mayor conocimiento, una mayor interacción y una mejor comprensión de la Naturaleza y, por lo tanto, como muestra la curva de intercambio de energía, hacia un mayor control sobre el entorno y una mayor felicidad.

En el capítulo 2, que trata de las microrrealidades, hemos visto que el cuerpo físico está compuesto por campos de energía pulsantes que interactúan entre sí. Lo que denominamos "cuerpo físico" —carne, huesos y sangre— desaparece rápidamente cuando se ve demasiado aumentado. Por lo tanto, un cuerpo físico, o cualquier pedazo de materia, puede verse como un patrón de interferencia de campos electromagnéticos que cambia con el paso del tiempo. Sin embargo, a pesar de lo tenues que puedan parecer cuando se amplían, aparentemente nuestros cuerpos físicos nos sirven bastante bien cuando interactúan con nuestro entorno físico.

Veamos si podemos desarrollar esto un poco más. ¿Hay alguna posibilidad de encontrar o inventar otros "cuerpos" que nos sirvan también para interactuar con las otras realidades superiores? La respuesta es "sí". Los patrones de onda que interactúan contendrán inevitablemente armónicos superiores. En un lenguaje menos técnico, supongamos que tocamos una de las cuerdas de un piano de cola y producimos una nota do medio; la cuerda vibrará entonces a 264 Hz. Supongamos ahora que levantamos la tapa del piano y tenemos una vista sin obstáculos de las cuerdas. Nos daremos cuenta enseguida de que la octava cuerda, contando hacia arriba en la escala (incluyendo el do que se ha pulsado), vibrará con bastante fuerza en armonía con la cuerda do. La octava cuerda es una octava más alta, lo que significa que vibra exactamente al doble del primer do, a 528 Hz. Las demás cuerdas también vibran en resonancia. La cuerda media octava más alta que el do central, que es la nota sol, vibrará a 396 Hz, no con tanta fuerza como la cuerda anterior. Otras cuerdas vibrarán aún menos.

Podemos ver que las cuerdas cuyas frecuencias vibratorias están separadas por múltiples enteros, como dos veces, tres veces, etc., resuenan mejor; en cambio, cuando la proporción es fraccionada, como 1½ o 1⅓ de veces la frecuencia original, el intercambio de energía con la cuerda original no es tan bueno.

Volvamos a nuestros cuerpos vibrantes. Ahora vemos que podemos suponer razonablemente la existencia de "cuerpos" formados por los armónicos superiores de nuestro cuerpo físico. Es posible que no se parezcan exactamente a nuestro cuerpo físico y que estén fuera del alcance de nuestros instrumentos y sentidos normales. También podemos tomar estos cuerpos armónicos superiores y dividirlos en grupos arbitrarios. Podríamos decir que los cuerpos que vibran dentro de tal o cual gama de frecuencias se denominarán "cuerpos astrales". Así nos ayudarán a interactuar en el plano astral. A continuación, estarían los cuerpos que contienen armónicos más altos, que nos permitirán interactuar en el nivel mental, etc. Así pues, de forma sucesiva, los armónicos más elevados de nuestro cuerpo físico nos permitirán interactuar con realidades cada vez más elevadas. Estos cuerpos no interactuarán bien con nuestra materia y serán normalmente invisibles para nosotros, debido a la débil interacción que se da entre ellos y el cuerpo físico.

En resumen, hemos visto que el cuerpo físico es un instrumento que nos permite interactuar mejor con nuestro entorno físico. Este cuerpo está interpenetrado por "cuerpos" o campos que tienen tasas vibratorias más elevadas que se extienden más allá de los límites del cuerpo físico (Fig. 35). Esto es lo que los clarividentes pueden percibir como coloridos halos o auras ovales que rodean nuestros cuerpos físicos. Esas auras contienen mucha información sobre nosotros para aquellos que pueden leer correctamente el significado de sus colores, tamaño, forma y movimiento. El más visible de ellos sería el cuerpo astral, debido a la cercanía que hay entre su escala vibratoria y la física. Es visible a unos 45 o 60 centímetros del cuerpo físico.

Hay otro "cuerpo" que debemos mencionar aquí: el denominado "aura de la salud". Es realmente una extensión del cuerpo físico, y está compuesto por una nube de partículas desprendidas por el cuerpo físico, como los diminutos cristales de sal, pequeñas escamas de piel seca (queratina), moléculas de agua, amoníaco, CO_2, etc. Suponemos que esta sopa de partículas se excita por el bombardeo de fotones ultravioleta emitidos en pequeñas cantidades por la piel, posiblemente debido a la radiación mitótica*. Por lo tanto, alrededor del cuerpo tenemos una sopa de partículas cargadas e ionizadas que parece estar limitada de forma bastante marcada en su periferia. Este campo es muy sensible al estado de nuestra salud, de ahí su nombre de "aura de la salud".

En este punto podemos decir, sin causar mucha consternación, que la figura 19 del capítulo 2, en donde se muestra de qué manera cambia el campo estático producido por el cuerpo en relación con la distancia respecto de este, es en realidad una representación del aura de la salud y del "cuerpo astral".

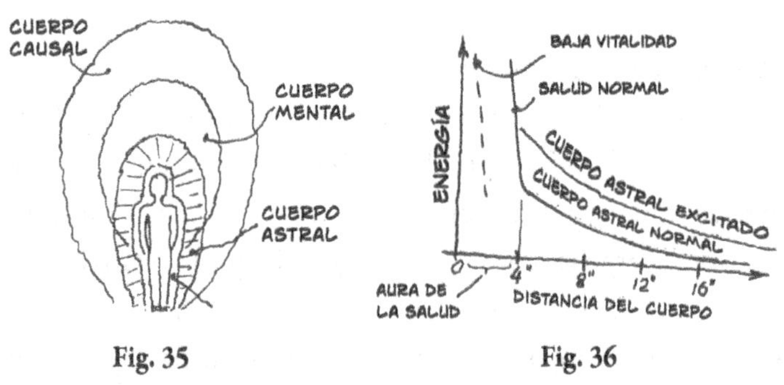

Fig. 35 Fig. 36

Como recordarás, en el capítulo 2 se dijo que el límite de 10 centímetros del tramo casi vertical de la curva es muy sensible al nivel de vitalidad o al estado de salud del individuo. Además, cuando una persona está emocionalmente excitada, el tramo plano de la curva aumentará su potencial y se elevará aproximadamente 30% por encima del nivel normal. Esto significa que el

* Radiación ultravioleta emitida durante la división celular.

cuerpo emocional (astral) ha sido excitado a un nivel superior de actividad (Fig. 36).

Habrás notado que nuestros cuerpos superiores parecen equipararse con el potencial electrostático que nos rodea. Esto no es exactamente así. El campo electrostático es solo un pequeño componente de estos cuerpos armónicos superiores, que afortunadamente podemos medir e identificar. Los otros componentes en los que reside la mayor parte de la energía de estos cuerpos tendrán que esperar al desarrollo de nuevos y diferentes tipos de instrumentación.

Para sintetizar

Hemos descrito un conjunto de cuerpos formados por armónicos superiores del cuerpo físico que interpenetran nuestro cuerpo físico. Este mecanismo nos permite interactuar a diferentes niveles de consciencia. Algunos ejemplos ayudarán a aclararlo.

La función básica subyacente de nuestro cuerpo físico y de otros cuerpos es captar señales o estímulos, procesarlos y responder a ellos. Eso es lo que constituye nuestra experiencia cotidiana. Supongamos ahora que nos visualizamos como un aparato de radio que recibe simultáneamente cuatro o cinco emisoras diferentes. Hay una emisora cuyo volumen eclipsa de manera importante a las demás, y entre estas también hay diferencias en los grados de intensidad del sonido. Podemos comparar la emisora de volumen más fuerte con la realidad física. Todo lo que entra por este canal se oye con más fuerza, mientras que las otras "estaciones", que representan las realidades astral, mental, causal y espiritual, son sucesivamente más débiles. Así pues, las personas cuyos oídos no son muy sensibles oirán solo la estación física, mientras que aquellas con un oído más refinado escucharán más de las estaciones más débiles. Lo importante es darnos cuenta de que somos capaces de escuchar todas las estaciones simultáneamente. Nuestra audición de las emisoras más débiles mejoraría considerablemente si pudiéramos apagar la emisora física, que es más ruidosa. Esto es lo que hacemos cuando dormimos, meditamos o estamos en una cámara de privación sensorial. Que la emisora física ruidosa esté encendida no significa que no captemos lo que emiten las demás. Piensa, por ejemplo, en la repentina atracción o aversión que sentimos por alguien a quien acabamos de conocer: lo captamos a través de nuestra banda emocional. En el caso de una atracción repentina, nuestros cuerpos astrales, que se extienden más allá de lo físico, resonaron en armonía; en el caso de la aversión, debieron producirse fuertes disonancias.

Por último, llegamos a los estímulos subliminales. Por ejemplo, una irritación constante por algo o alguien, en cualquiera de estos niveles, puede manifestarse en forma de un cambio en el cuerpo físico, como una enfermedad psicosomática. La ira reprimida, al ser una emoción poderosa, puede causar cáncer en algunas personas; la ansiedad y la incertidumbre provocarán úlceras en otras. En el plano mental, la frustración puede filtrarse al plano físico en forma de depresión, etc.

La emisora más tenue es la espiritual. Es la vocecita que nos dice lo que está bien y lo que está mal, la voz de nuestro yo superior, nuestra conciencia.

A veces nos encontramos con personas con las que compartimos una forma de pensar, casi hasta el punto de que al enfrentamos a una situación, podemos predecir su razonamiento paso a paso y, como resultado, su reacción ante la situación dada. Aquí parece que resonamos a nivel mental, lo cual es bastante agradable.

La sensación intuitiva o "visceral" sobre el éxito o el fracaso de un proyecto, por ejemplo, se capta a través de nuestra banda intuitiva. Cuando descubrimos que dos o más artistas, científicos o inventores han tenido una idea idéntica más o menos al mismo tiempo, podemos suponer que todos ellos llegaron al nivel intuitivo causal, donde la idea los estaba esperando, y resonaron con ella.

El cerebro

A estas alturas ya conocemos una diversidad de cuerpos, pero nuestro cerebro parece haberse perdido en la confusión. Permíteme sugerir que el cerebro es una pieza de *hardware*, la terminal de una computadora, que normalmente procesa la entrada proporcionada por los sentidos en estado de vigilia. Cuando la información de los sentidos no se procesa, como en el sueño profundo, esta pieza de *hardware* se encuentra en un estado de reposo absoluto y no genera ninguna imagen. Sin embargo, en cuanto nuestra consciencia se concentra en el nivel astral durante los ciclos del sueño, la información procedente de esa realidad fluirá y las imágenes de la acción producidas en el cerebro irán seguidas de movimientos de los ojos y, en ocasiones, de las extremidades.

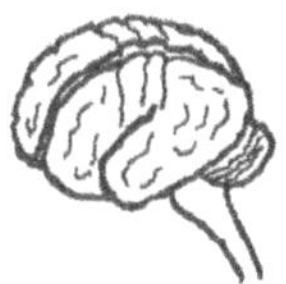

Un experimento con el cerebro

Sería útil hacer un pequeño experimento con nuestro cerebro. Sentémonos en una posición cómoda y en un lugar tranquilo e intentemos detener nuestro proceso de pensamiento durante un rato. Tal vez te parezca una labor bastante difícil. Para facilitarte un poco la tarea, te sugiero que visualices tus sentidos vueltos hacia el interior de tu cabeza; es decir, que tus ojos miren hacia el interior de tu cabeza, tus oídos escuchen lo que ocurre en su interior y tus sentidos se agrupen en el centro de ella. Intenta mantener la mente en blanco. Descubrirás que, sin darte cuenta, has estado pensando. Intenta ver si puedes seguir un pensamiento hasta su origen. Quizá descubras que lo que más tarde se convierte en un pensamiento en toda regla, al principio es un pequeño impulso. Este impulso crece y crece hasta convertirse en un pensamiento reconocible. Esto implica que estamos pensando a un nivel en el que el pensamiento aún no está formulado.

Para aquellos que pueden aquietar su mente como resultado de largos años de práctica de la meditación, un pensamiento es una cosa muy vasta y grande. Es como un camión que retumba en la cabeza y perturba el equilibrio tan fino que se consigue al equilibrar la mente en un estado de no pensamiento. Sugiero, por tanto, que nuestro cerebro no es la **fuente** del pensamiento, sino un **pensamiento amplificado**. Como hemos visto, toma un pequeño impulso, lo amplifica para nosotros, y solo entonces este se convierte en un pensamiento. Al parecer, el pensamiento no se origina en el cerebro, sino que recoge los pequeños impulsos implantados allí por nuestros cuerpos astral, mental o causal. Estos se acoplan muy frágilmente con el cerebro físico y, por lo tanto, al principio solo pueden producir una señal muy débil en el cerebro. La función del cerebro es amplificar esta señal para que nos resulte útil.

Resumen

La Naturaleza o, en el sentido más amplio de la palabra, la creación, está formada por un espectro continuo de realidades.

La humanidad actual funciona la mayor parte del tiempo en lo que llamamos realidad física, pero hasta cierto punto también funcionamos dentro de cuatro o cinco de nuestras realidades vecinas.

Podemos entrenarnos a nosotros mismos para interactuar en estas otras realidades mediante ciertas técnicas disponibles.

El éxito de nuestra interacción con estas otras realidades depende de la medida en que hayamos desarrollado nuestros vehículos o cuerpos, que están adaptados para responder a la gama de frecuencias de cada realidad.

Estos cuerpos son análogos a los armónicos superiores de nuestros cuerpos físicos, y contienen toda la información acumulada a lo largo de muchas vidas.

La mayor parte del tiempo, estos cuerpos superiores están enfocados en el cuerpo físico, pero también pueden moverse y funcionar independientemente de él.

En la transición llamada muerte, los cuerpos superiores, que conforman lo que denominamos nuestras "personalidades", abandonan el cuerpo físico y continúan su existencia en los niveles superiores al físico que para la unidad de consciencia son una realidad tan válida como lo era antes el físico. Esta unidad de consciencia todavía puede interactuar débilmente con la realidad física.

Los pensamientos o deseos no se originan en el cerebro. Son generados por los respectivos cuerpos o campos que actúan sobre el cerebro para producir pequeños impulsos que el cerebro amplifica hasta convertirlos en pensamientos. El "pensamiento" existe por debajo del umbral de un pensamiento reconocible.

7. LA PARÁBOLA DE LA BICICLETA

Es posible que a muchos lectores les resulte difícil aceptar lo que se ha dicho hasta ahora. Me gustaría recordarles que los avances más significativos en la ciencia, el arte y la tecnología no se consiguen "descifrando" las cosas hasta la enésima potencia, sino mediante la perspicacia o saltos intuitivos que más tarde se racionalizan. Como hemos dicho, cuando nos adentramos en territorio desconocido, la intuición es lo único en lo que podemos confiar. Tomemos como ejemplo a los emprendedores. A la hora de tomar decisiones estas personas confían, en gran medida, en lo que denominan intuición o "corazonadas". La razón es que el número de variables que hay que tener en cuenta en cada decisión es demasiado grande para manejarlo y, con condiciones que cambian constantemente, es sencillamente imposible calcular las cosas por completo. Por lo tanto, confían en lo que les llega por intuición. Dirán que esa decisión "les pareció correcta" y que sabían que las cosas saldrían bien.

Ahora bien, teniendo en cuenta que uno de los componentes más significativos de nuestra civilización son los negocios, quizá deberíamos tener un poco más de respeto por la intuición.

Antes sugerimos que el material que hemos tratado hasta ahora se valida a sí mismo. Esto significa que cualquiera que esté dispuesto a hacer el esfuerzo, puede averiguar estas cosas y confirmarlas por sí mismo.

Permíteme poner como ejemplo la bicicleta. Supongamos que mostramos una bicicleta a alguien que nunca la ha visto e intentamos convencerlo de que es un medio de transporte seguro y práctico. Pensará que estamos bromeando, ya que es evidente que la bicicleta es un artefacto muy inestable. Está claro que no servirá de nada explicarle sus beneficios, y que solo después de aprender a montarla (y eso incluye un buen número de rodillas y codos magullados) nuestro sujeto se convencerá de las ventajas de la bicicleta. En otras palabras, únicamente después de haber pasado por la experiencia subjetiva estará preparado para empezar a utilizar la bicicleta, e incluso dispuesto a convencer a los demás de sus virtudes. Solo entonces reconocerá que, en su pensamiento anterior, había pasado por alto un punto importante: el principio **invisible** de la inercia, que mantiene la bicicleta en posición vertical mientras está en movimiento.

Tarde o temprano, la ciencia tendrá que entrar en razón y utilizar este método para evaluar cosas "invisibles", subjetivas, pero reproducibles. Podemos entrever la posibilidad de pedir a un grupo de cien personas que se pongan en un determinado nivel de consciencia bien definido y hacerles describir sus experiencias. Si la mayoría de los sujetos describen de forma independiente experiencias similares y estas son reproducibles, tal vez tengamos que admitir que se trata de estados reales comunes a todos y establecer, en consecuencia, un hecho.

Experimentos de este tipo son llevados a cabo hoy en día por los llamados investigadores de la biorretroalimentación, por quienes estudian la hipnosis y los estados alterados de conciencia, y por último, pero no menos importante, por las compañías farmacéuticas. La única forma de averiguar cómo afectan las drogas psicoactivas al sistema, consiste en administrarlas a las personas y pedirles que describan sus reacciones. No existe una manera objetiva de medir estos efectos tan sutiles. La experiencia de la mayoría de las personas que han tomado una droga es transmitida a los farmacéuticos, quienes pueden modificarla en consecuencia.

Volvamos al capítulo 4. En el experimento con el tiempo ofrecimos evidencias de que realmente no es muy difícil funcionar conscientemente en la realidad próxima a la nuestra. Aquellos lectores que consiguieron ralentizar o detener por completo el reloj, en realidad se proyectaron y permanecieron durante un tiempo, plenamente conscientes, en la llamada realidad astral. Analicemos lo ocurrido.

En las instrucciones se sugería que transportaras todo tu aparato sensorial y de razonamiento a un punto diferente en el espacio y el tiempo: a "la playa". Si realizaste esto correctamente, tu cuerpo físico habrá mostrado, para todos los efectos prácticos, una "muerte" temporal; es decir, tus ojos físicos no registraban la realidad física que te rodeaba (tampoco lo hacían tus oídos). Tus sentidos estaban registrando una realidad diferente que ocurrió en el **pasado**. Por tanto, has experimentado una inclinación de tus coordenadas espacio-temporales subjetivas en un determinado ángulo Ψ con respecto al marco de referencia objetivo. Para aquellos que consiguieron en cierta medida ralentizar el tiempo, el ángulo Ψ se situaba entre 0 y 90 grados, mientras que para los que consiguieron "detener" el tiempo casi por completo, el ángulo se aproximaba a los 90 grados. En ese punto, sus ejes de espacio subjetivo apuntaban hacia el **pasado** objetivo, y el eje del tiempo subjetivo hacia el **espacio** objetivo, mientras que el tiempo objetivo necesario para la operación iba disminuyendo rápidamente. Por lo tanto, las personas que consiguieron casi "detener" el tiempo (estas serán invariablemente del tipo creativo) no solo pudieron ir a una playa cercana, sino a cualquier lugar del universo en el tiempo que les habría llevado visualizar su destino. Esto se debe a que proyectaron su aparato sensorial y razonador, o su "observador", a velocidades prácticamente infinitas hacia el destino deseado. Es la **visualización** creativa la que pudo llevarlos hasta allí.

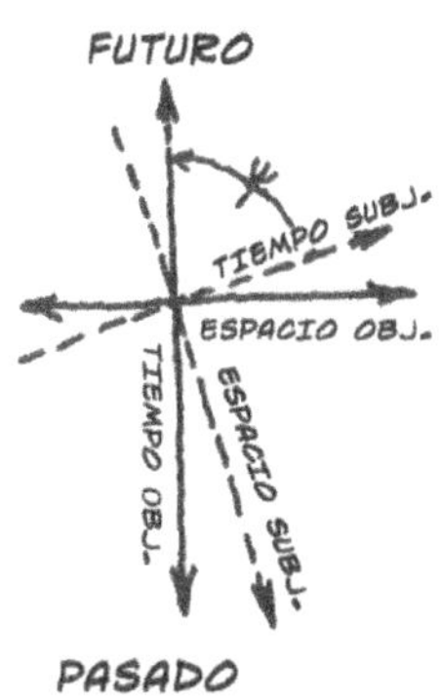

En resumen, los ingredientes más útiles para poder funcionar en las diferentes realidades son, como hemos mencionado antes, la visualización creativa y una mente estable. Que logremos o no estos niveles depende del grado de desarrollo y refinamiento de nuestro sistema nervioso, el cual determina hasta qué punto podemos expandir nuestra consciencia y hasta qué nivel, más allá del físico, podemos llegar. Tal desarrollo solo puede lograrse mediante técnicas de meditación. Aunque a veces pueda ocurrir espontáneamente o debido a algún accidente, el individuo tenderá a desequilibrarse, debido a su incapacidad para distinguir entre lo físico y las nuevas realidades que de repente pueda ver.

Con el tiempo se le diagnosticará esquizofrenia, debido a que verá u oirá cosas que una persona "normal" no ve ni oye.

El "observador"

Hemos llegado a un punto en el que podemos definir, en términos más familiares, a nuestro "observador". Por todo lo comentado anteriormente, vemos que la entidad móvil, que está viajando, es nuestro aparato sensitivo-sensorial o cuerpo astral, y el aparato razonador, el que puede interpretar los acontecimientos, es nuestro cuerpo mental. Cuando el individuo está bien desarrollado puede utilizar también su cuerpo causal o intuitivo. Si juntamos estos tres elementos, la mejor manera de describirlos es llamándolos "nuestra psique". Esta psique es independiente del cuerpo, pero utiliza el cuerpo como una especie de garaje en el que permanece la mayor parte del tiempo. El nombre más tradicional para la psique es "alma".

La psique sirve de puente entre el nivel físico y nuestro yo real: el ser espiritual, que opera en el nivel físico a través de la mediación de la psique. En términos de calidad de consciencia, la distancia entre la entidad espiritual, que podemos llamar "yo superior", y nuestra realidad física, es tan enorme que el espíritu no podría operar directamente un cuerpo físico normal. Necesita este intermediario entre psique o alma para hacer el trabajo. El nivel espiritual es el más alto que se muestra en la figura 30. Es el puente hacia lo absoluto.

El nivel espiritual

Es lamentable que, en la lengua inglesa, la palabra "espíritu" o "espíritus" sea tan versátil. Se utiliza para denotar un tipo de líquidos espirituosos y también para describir entidades desencarnadas; es decir, personas sin cuerpo físico y espectros de todo tipo, desde la variedad benigna, de jardín, hasta entidades viciosas, malévolas y degeneradas. Nosotros utilizaremos la palabra "espíritu" o "espiritual" para describir el nivel más elevado de la evolución humana (Fig. 30), que roza el absoluto. Es muy difícil trazar líneas de demarcación nítidas, porque lo espiritual más elevado se funde en el absoluto, que es el nivel de los Creadores. Por lo tanto, está directamente relacionado con el conocimiento y la estructura del universo y del cosmos.

Como recordarás de la descripción del nivel causal, el conocimiento llega como trozos de información, no en forma lineal y secuencial, como normalmente absorbemos el conocimiento. Tomemos como ejemplo la forma en que miramos una imagen: nuestros ojos la escanean en zigzag y así, poco a poco, vamos asimilando la información contenida en ella. En la región causal y por encima de ella, la imagen habría quedado impresa en nosotros como si todo nuestro cuerpo entrara en contacto con ella en un instante, como una huella de contacto instantánea. Percibiríamos en un instante la imagen, en todos sus minúsculos detalles, y luego tendríamos mucho tiempo para contemplar su significado. El mismo sistema de adquisición de conocimientos se aplica en los reinos espirituales.

Como es natural, los intereses de cada persona varían, y lo mismo ocurrirá con la información que reciba en todos los niveles. Si a alguien le interesa la cosmología, probablemente obtendrá información sobre la estructura del universo y el cosmos con tanto detalle como pueda comprender en ese momento.

Lo importante es darse cuenta de que el universo, a través de su sistema de incentivos, que llamamos evolución, está ansioso por impartir tanto conocimiento como sea posible a sus seres sensibles, a fin de permitirles avanzar lo más rápido que se pueda en la escala evolutiva y desarrollar su consciencia hasta el grado más elevado de que sean capaces. El universo quiere darse a conocer a aquellos que puedan comprender su lenguaje, y ese lenguaje se hace cada vez más inteligible para nosotros, a medida que se desarrolla nuestro componente espiritual.

Dejémoslo claro: aquí el término "espiritual" no tiene relación con la religión tal como la conocemos. (En ocasiones se llama a los líderes religiosos líderes espirituales). Tiene que ver únicamente con el desarrollo y el refinamiento del sistema nervioso y el consiguiente aumento del nivel de consciencia, que ha alcanzado un punto en la frecuencia lo suficientemente elevado, dentro de la escala de calidad de consciencia, como para resonar con los niveles más elevados de la creación. Esto conlleva automáticamente al desarrollo de valores morales internos y al desarrollo del corazón. Con esto queremos decir que una persona en ese nivel de desarrollo tenderá automáticamente a ayudar a la gente necesitada e irradiará una energía que en el nivel físico se expresa como la emoción llamada "amor". Definiríamos el amor como energía y no como una emoción, ya que las emociones están confinadas a los niveles físico y astral de la realidad. Más allá de esos niveles no se encuentran emociones. Por lo tanto, lo que llamamos "amor" es una energía o radiación que impregna todo el cosmos. Posiblemente sea la base de lo que conocemos como fenómeno de la gravitación.

Funcionar en este nivel es el objetivo de todo entrenamiento de yoga. La palabra "yoga" significa unión, es decir, unión con el absoluto. Un yogui consumado es capaz de funcionar en todos los niveles de la creación; de describir acontecimientos del pasado y del futuro; y, como la curva de intercambio de energía es muy alta en este nivel, también puede influir positivamente en la Naturaleza. Finalmente, se convierte en un factor que estimula la evolución de la humanidad y del planeta.

En este capítulo hemos alabado el nivel espiritual de consciencia y de las recompensas que esperan a aquellos que lo alcanzan. Pero esto no significa que el universo sea espiritual. El universo simplemente **es**. Sin embargo, lo que llamamos desarrollo espiritual es la clave para lograr una comprensión subjetiva y objetiva del universo.

Entre los estados espirituales más frecuentemente descritos en la literatura está el denominado "consciencia cósmica". Se trata de un estado en el que la persona es testigo de sus propias acciones, como si estuviera observando actuar a otro. No se queda extasiada cuando sus acciones tienen éxito, ni se deprime si no lo tienen. Generalmente, verá tanto los cuerpos más finos o sutiles de la gente y de los objetos, así como las interacciones entre los individuos, a medida que la energía fluye entre ellos. En otras palabras, verá a las personas actuando simultáneamente en los diferentes niveles de consciencia. Una paz que lo impregna todo se aposenta en aquel que logra la consciencia cósmica, a medida que comprende que es un espíritu inmortal que funciona en este nivel para ganar experiencia. Y entiende las indirectas que le da la Naturaleza de forma simbólica, como quien dice: "Mira, así es como yo funciono". Comprende el significado de "como es arriba es abajo" y sabe que la Naturaleza tenderá a reutilizar un diseño que resulte exitoso muchas veces en todos los niveles de la creación, quizás con pequeñas modificaciones. En resumen, el diseño del microcosmos refleja la estructura del macrocosmos, y viceversa.

Existen estados superiores al de la consciencia cósmica. Son estados en los que la Naturaleza se abre al observador y muestra sus principios y estructura subyacentes. En este estado, una persona puede saber al instante cualquier cosa que esté ocurriendo en el cosmos. No está atada al espacio ni al tiempo. De hecho, la comunicación en el cosmos no depende del tiempo, como esperamos demostrar más adelante*.

Tal vez en este punto te preguntes: "Bueno, pero ¿quién dirige el espectáculo? ¿Quién está demostrando todas estas cosas supuestamente maravillosas a las personas en estados espirituales elevados?". La respuesta es que es el "yo superior". Este yo superior es el componente más elevado del hombre, y es una astilla del viejo árbol. Es una pequeña parte o un elemento del Creador.

* En este contexto es interesante mencionar una encuesta realizada entre la población estadounidense en 1975, en la que se preguntaba a la gente si había tenido alguna experiencia mística. El 40% respondió afirmativamente. Uno de los rasgos comunes de estas experiencias, según la encuesta, era que "el tiempo se detenía". A estas alturas, después de leer el capítulo 4, el lector debería estar en condiciones de explicar este fenómeno inusual. Esta encuesta fue obra de Andrew M. Greeley y William C. McReady, del National Opinion Research Center de la Universidad de Chicago. Disponible en: Sage Publications, Inc., Beverly Hills, California.

Comprendemos las dificultades que algunas personas puedan tener con el concepto de un Creador. Sin embargo, nos cuesta más trabajo suponer que no haya nadie responsable de la creación del cosmos. Puesto que nadie discutirá ni tratará de negar la existencia del universo físico, nos parece mucho más natural imaginar que hay alguien que está **ocupándose** de las cosas. Sería difícil demostrar lo contrario.

El yo superior es el "espíritu que llevamos dentro" y, al formar parte del Creador, todos los yo superiores están conectados y se comunican entre sí. Es asunto del yo superior hacer que la personalidad pase por las experiencias de la vida y las interacciones con los demás, adquiriendo así conocimientos y aprendiendo a conocerse a sí misma. En cierto modo, podemos decir ahora que todo el universo es un sistema de recopilación de información. El Creador se divide en pequeñas unidades para poder experimentar todas las interacciones posibles entre sus partículas en todos los niveles posibles, aprendiendo así a conocerse a sí mismo. La evolución es el impulso interno que empuja a toda la materia hacia una complejidad cada vez mayor, permitiendo que se produzcan experiencias a niveles cada vez más elevados.

El yo superior no puede interactuar eficazmente con un cuerpo físico que no se ha desarrollado adecuadamente. Se comunica, por tanto, a través de la psique o el alma. Se necesitan muchas vidas y un esfuerzo constante para desarrollar la consciencia hasta un punto en el que sea posible la interacción directa entre la personalidad y el yo superior. Sin embargo, una vez alcanzado ese punto, la persona llega a ser guiada directamente por el yo superior. Empieza a confiar cada vez más en el conocimiento intuitivo, que le llega directamente de la fuente más elevada posible. Al principio intuye, y más tarde conoce esta fuente. Le hace feliz y le satisface sentir que sus experiencias a este alto nivel son una contribución al banco de experiencias total del universo.

Resumen

Los avances significativos en la ciencia se producen mediante saltos intuitivos.

El material que aquí se presenta se autovalida porque, con un poco de esfuerzo, estas afirmaciones pueden ser comprobadas por cualquiera. Será una validación subjetiva.

Ha llegado el momento de utilizar el conocimiento que se obtiene por medios subjetivos. El "observador" es nuestro aparato sensorial, sensitivo y procesador de información. Sirve de puente entre el cuerpo material y el espíritu. El "observador" es la psique o el alma.

El conocimiento intuitivo llega en bloques y se procesa después.

El yo superior es el **nosotros** espiritual. Se comunica con nosotros a través del alma o la psique, porque no puede interactuar eficazmente con un cuerpo material. Todos los yo superiores están conectados y en constante comunicación.

8. UN MODELO DEL UNIVERSO

Hemos llegado a un punto en el que debemos empezar a poner todas las ideas mencionadas anteriormente en un marco coherente o "modelo del universo". Tenemos que demostrar cómo es posible la comunicación instantánea en nuestro universo; que todo el conocimiento ya está disponible; tenemos que demostrar cómo todos los diferentes niveles de consciencia encajan en nuestro modelo propuesto del universo; y por último, pero no menos importante, deberíamos ser capaces de demostrar que dentro de nuestro universo físico actual podemos encontrar estructuras correspondientes a nuestro modelo, lo que justificaría la regla postulada anteriormente: "como es arriba es abajo". En otras palabras, deberíamos ser capaces de ver, en algún lugar dentro de nuestro universo visible, una estructura física que sería un modelo a pequeña escala del universo mayor que estamos postulando.

En primer lugar, veamos el modelo del universo que actualmente goza del favor de la comunidad científica. Se trata del modelo astrofísico general del *big bang* universal, postulado por Friedmann-Gamov.

El *big bang*

Así es como funciona: en algún momento, hace mucho tiempo, toda la materia del universo se encontraba en una bola compacta, muy caliente y de enorme densidad. Era una especie de huevo cósmico que contenía toda la materia y el espacio. No existía nada más que esta primigenia bola de fuego. Entonces, de alguna manera, este huevo tuvo la necesidad de expandirse o explotar, y lo hizo. Se supone que esta explosión, el *big bang*, fue concéntrica y uniforme en todas partes, lo que significa que la materia y el espacio comenzaron a expandirse uniformemente en todas direcciones.

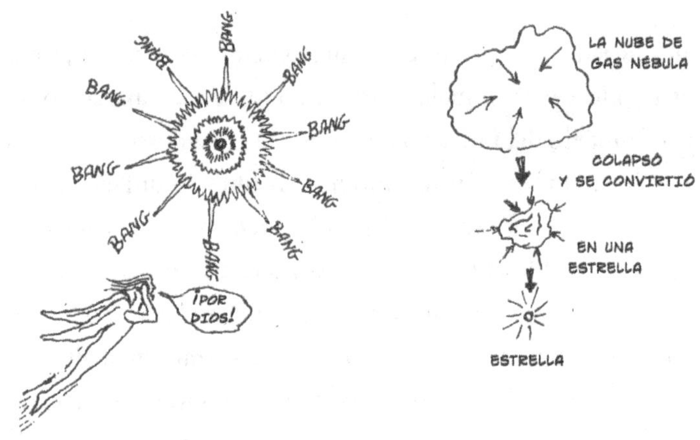

Al principio, la materia estaba en forma de radiación de elevada frecuencia y muy alta temperatura y, a medida que se expandía, acabó enfriándose hasta un punto en el que empezaron a surgir de ella componentes estables más grandes. Estas fueron las primeras partículas elementales de nuestra materia sólida: los neutrones, los electrones y los protones. Más tarde, a partir de esta sopa de partículas primordiales calientes, se formaron los elementos simples. Se formaron átomos de hidrógeno y helio. Estos produjeron enormes nubes, o nebulosas, que empezaron a dividirse en unidades más pequeñas. Estas, a su vez, comenzaron a condensarse, debido a su propia atracción gravitatoria, formando así la base de las galaxias en evolución. Luego, las nubes de materia dentro de estas nebulosas se hicieron cada vez más compactas, lo que provocó un aumento de la temperatura en sus centros.

Las primeras protoestrellas aparecieron a manera de masas amorfas de gas hidrógeno incandescente. Con el tiempo, el interior de sus núcleos alcanzó temperaturas muy elevadas. Estas temperaturas siguieron aumentando, hasta que finalmente se produjeron reacciones nucleares. Las reacciones nucleares originaron mucho calor y luz; así nacieron los primeros cuerpos celestes, similares a nuestro sol. En el núcleo de estas estrellas se cocinaban elementos más pesados y, por último, en ellas se sintetizaron los diversos elementos que componen nuestros cuerpos físicos actuales. Debería enorgullecernos saber que los elementos que componen nuestros cuerpos se crearon en estas grandes estrellas radiantes.

Otro aspecto de la teoría del *big bang* es la suposición de que, desde el momento de la explosión, toda la materia se ha distribuido como en la superficie de un globo en constante expansión*. Esta superficie está creciendo y, por tanto, todas las islas de materia que llamamos galaxias se han ido alejando unas de otras desde entonces. Podemos verlo hoy, cuando observamos las galaxias lejanas. Todas las galaxias lejanas que vemos a través de nuestros telescopios se están alejando de nuestra Vía Láctea y unas de otras.

Esto significa que el volumen de nuestro universo aumenta constantemente, y por eso lo llamamos "universo en expansión". Los científicos aún no han decidido si este universo en expansión acabará dando la vuelta, colapsándose y volviendo a ser lo que era: una gran masa caliente y brillante de materia.

Naturalmente, la idea de un universo pulsante de este tipo sería estéticamente más satisfactoria que la de un universo que surgió de un solo golpe. Todos los procesos del universo parecen ser cíclicos, y sería muy improbable que el mayor de todos ellos

* En realidad, está distribuido en la hipersuperficie de un hiperglobo.

no lo fuera. El proceso más pequeño debería ser un reflejo del más grande; al menos eso creemos.

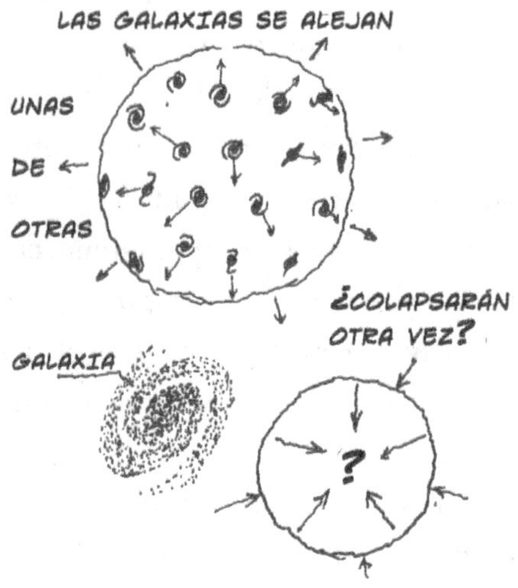

El universo del continuo *big bang*

Uno de los resultados obvios de un *big bang* concéntrico y uniforme, tal como lo hemos descrito, sería la homogeneidad y la isotropía* del universo en expansión. Sin embargo, algunas mediciones parecen mostrar un poco de anisotropía, o falta de uniformidad, en el universo en expansión. Así lo sugiere, posiblemente, la distribución de los llamados cuásares (objetos cuasiestelares).

Los cuásares son galaxias muy distantes e inusuales. Son compactas, tienen forma de estrella y emiten enormes cantidades de energía en ondas de radio y luz visible. Aún no se dispone de explicaciones suficientes sobre la cantidad de energía emitida por los cuásares. (Emiten aproximadamente mil veces más energía que una galaxia normal, y se comportan de otras formas inusuales). Su brillo fluctúa mucho en pocos días y, en general, son "objetos" enigmáticos y de mal comportamiento.

* Isotropía significa igualdad en todas las direcciones.

A veces, cuando un cuásar de este tipo se inclina hacia nosotros en el ángulo correcto, podemos ver en su imagen una característica inusual (Lámina 1. Foto del cuásar 3C273): un chorro luminoso de materia que sale de su centro (Fig. 37). Este chorro es, claramente, un haz de materia expulsado desde el centro del cuásar debido a algún aumento de presión en su interior. Lo que vemos aquí es una explosión de un tipo diferente a la del *big bang*. Se trata de una explosión controlada, no concéntrica. Intentemos visualizar lo que está ocurriendo aquí.

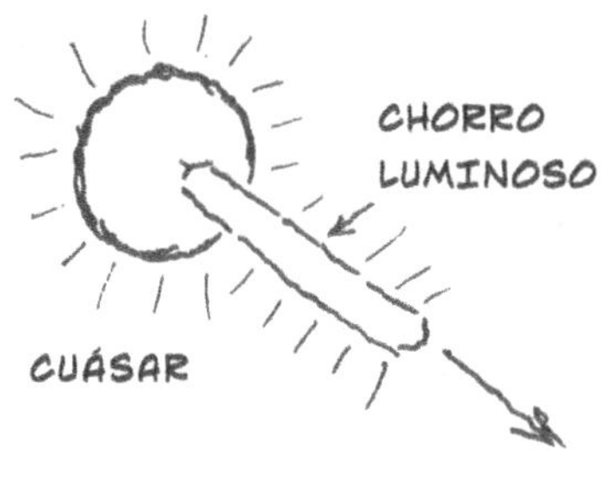

Fig. 37

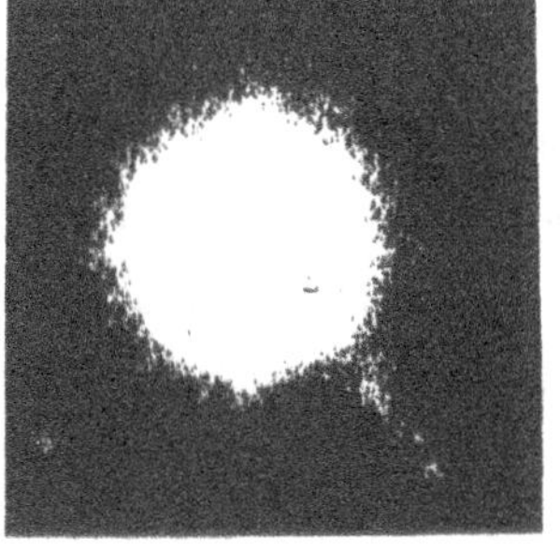

Lámina 1

Supongamos que tenemos una bola de materia muy caliente y densa flotando en el espacio. Es lógico que, debido a la radiación de energía que surge de su interior, la superficie o membrana exterior de esta bola estará más fría que su centro y, por tanto, posiblemente será más "viscosa". Supongamos que la presión en el interior de esta bola crece hasta un grado tal que está por explotar. Lo más probable es que la superficie de la bola siempre tenga un punto débil en algún lugar y, a medida que la presión crece, es ese punto débil el que tarde o temprano estallará y permitirá que salga un chorro de materia. A medida que esto ocurra, acabará por establecerse un equilibrio entre la presión que se acumula en el interior de la esfera y la cantidad de materia que escapa por el agujero de su membrana.

Nos encontramos ante una situación similar a la de un globo de plástico lleno de aire que es pinchado con una aguja. El aire escapará y el globo se desinflará lentamente.

Si tomamos este modelo y decimos: "¿Acaso no habría podido comportarse de esta manera el gran huevo cósmico original?", la respuesta es que muy posiblemente así fue. Consideremos una pista más que refuerza nuestra suposición de una membrana más viscosa en la superficie de este cuerpo original. Se trata de que no se aprecia ningún contrachorro en el lado opuesto del cuásar (véase la lámina 1). Sabemos que la reacción a la expulsión de una masa de un lado de un cuerpo de este tipo tenderá a provocar la aparición de un contrachorro del mismo tamaño en el otro lado. Sin embargo, esto no ocurre en los cuásares observados. El contrachorro no es visible, tal vez porque su energía fue absorbida por la superficie más viscosa y "elástica" de este cuerpo en el lado opuesto al chorro.

La idea de que los núcleos de las galaxias son astillas de un antiguo árbol no es nueva; ha sido recientemente mencionada por el astrónomo ruso Ambartsumian, quien en el pasado demostró tener muy buenas intuiciones sobre ciertos asuntos que, a pesar de la incredulidad general, más tarde se descubrió que tales intuiciones eran correctas*. Él sugiere que los núcleos de las galaxias existían desde el principio, posiblemente como fragmentos restantes del *big bang* original, y nosotros utilizaremos esta línea de pensamiento para desarrollar nuestro modelo del universo.

La eclosión o el huevo cósmico

Empezaremos de nuevo con una bola de materia o radiación muy comprimida que flota en el espacio vacío, a la que denominaremos corazón o núcleo. Este espacio no es un componente de nuestro "espacio-tiempo" habitual, sino un espacio que sirve de escenario para el despliegue del espacio-tiempo tal como lo conocemos. Lo denominaremos "protoespacio" o sustancia fundamental. Entonces, por alguna razón, esta bola de materia siente el impulso de expandirse o explotar. Utilicemos la analogía del chorro del cuásar para el *big bang*. Será un estallido, pero no tan grande como el de Gamov. Este estallido provocará la aparición de un chorro de materia a un lado de nuestro huevo. Hemos de suponer que este chorro se mueve a una velocidad inferior a la velocidad de escape de este sistema, de modo que, tras abandonar el núcleo, el chorro de materia sufrirá los mismos procesos que hemos descrito antes para el *big bang*. Se producirá un enfriamiento de la radiación, comenzarán a formarse las partículas elementales, nubes de hidrógeno y helio se condensarán en estrellas, y estas estrellas acabarán muriendo —explotando o degenerando— y arrojando al espacio elementos más pesados en forma de polvo cósmico. Este, a su vez, se convertirá en nuevas estrellas, etc., etc. El chorro también se expandirá a medida que se aleje de la fuente, y empezará a ralentizarse debido a la atracción gravitatoria del núcleo. Esta es la fase I de nuestro esquema (Fig. 38).

---

* Oort, J. "Galaxies and the Universe". *Science*, Vol. 170, 25 de diciembre de 1970, p. 1369.

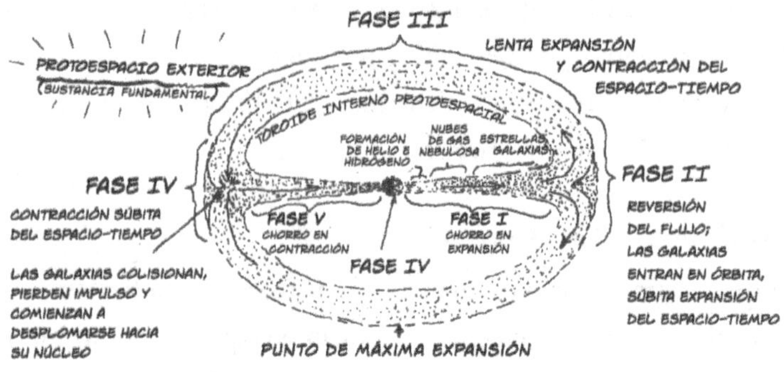

Fig. 38

Tarde o temprano, el chorro acabará deteniéndose por completo, se expandirá en forma de hongo y empezará a caer hacia atrás, hacia su origen. Esta es la fase II. Lo hará debido a la atracción gravitatoria de la enorme masa del núcleo. Esta acción es análoga al comportamiento de un chorro de agua que sale por la boquilla de una fuente que apunta en dirección vertical, alejándose del suelo. En efecto, podemos considerar este flujo de materia como si se tratara de un fluido algo viscoso*.

Ahora viene la fase III, el viaje de vuelta a la fuente. Es evidente que esta envoltura curvada de materia no llegará al núcleo debido a su inercia; lo sobrepasará y volverá a detenerse debido a la atracción gravitatoria del núcleo. Finalmente, fluirá de nuevo hacia el centro; esta es la fase IV. A continuación, los dos frentes de materia a velocidades opuestas chocarán, perderán impulso y caerán hacia el núcleo en un chorro que se estrechará. Esta es la

* Cabe mencionar que consideramos este flujo como si toda la materia del espacio-tiempo se comportara a la manera de un fluido viscoso. Puede considerarse así porque, en la escala temporal de nuestro gran modelo, la vida de las estrellas y otras materias "sólidas" es muy corta. Aparecen y desaparecen en un abrir y cerrar de ojos. Pasan de "polvo a polvo", por así decirlo. Ese polvo quedará unido por los campos magnéticos y gravitatorios intergalácticos en un medio que se comporta como un fluido viscoso. Por tanto, el universo no es "sólido" a gran escala temporal.

fase V. Es importante señalar que el cuerpo mostrado en la figura 38 es en realidad un cuerpo tridimensional.

Un cuerpo de este tipo puede visualizarse como una dona alargada, con un agujero largo y delgado en el centro. Esta forma ovoide hueca se denomina toroide. Se trata de un toroide que gira constantemente sobre sí mismo, con materia que fluye hacia el núcleo central, lo atraviesa y sale, formando el chorro de salida. Esto es análogo a un anillo de humo giratorio.

Sin embargo, nuestro modelo del universo es una forma aplanada de ese anillo de humo, con un agujero mucho más pequeño que lo atraviesa. Para visualizar el toroide interior, puede ser útil en este punto utilizar una variedad de cocina de nuestro modelo del universo. Esta podría ser una buena analogía. En la figura 39 podemos ver la metamorfosis de una dona rellena como imagen del universo. Como condiciones iniciales, hemos de suponer que el relleno se distribuye, en el interior de la dona, en forma de un anillo uniforme de grosor fijo, y que la masa sigue siendo maleable. Si introdujéramos ahora un palito fino y redondo en esta dona y empezarámos a dar golpecitos a la masa alrededor del palito hasta que adoptara la forma ovoide requerida, observaríamos que el anillo interior de relleno se estiraría, formando ahora un anillo alargado. Este toroide interior de relleno representa nuestro protoespacio, atrapado dentro de la envoltura espacio-temporal del toroide de nuestro universo. Si pudiéramos visualizar que el relleno está tanto fuera como dentro de la dona, tendríamos la imagen correcta de este modelo. Puesto que el relleno es lo que llamamos protoespacio, o sustancia fundamental, es el espacio original que más tarde, cuando apareció la materia, se convirtió en espacio-tiempo.

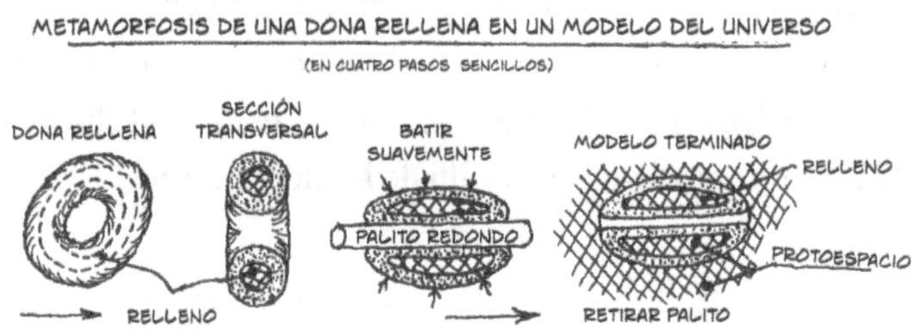

Fig. 39

En la fase IV, cuando la cobertura exterior converja sobre sí misma, tenderá a hacerlo hacia un único punto. La densidad o volumen de galaxias en dicho punto sería muy alta y provocaría muchas colisiones entre galaxias que viajan en direcciones opuestas. Como resultado de tales colisiones, estas galaxias perderán sus componentes de velocidad opuestos, se ralentizarán y, finalmente, empezarán a caer hacia el núcleo.

Ahora viene la fase VI. A medida que la materia sigue cayendo hacia el núcleo, se hace más densa, y cuando llega al núcleo se produce el colapso gravitatorio. El colapso gravitatorio es una situación en la que la materia ya no puede resistir las fuerzas gravitatorias y se comprime hasta tal punto que su densidad puede medirse en toneladas por centímetro cúbico. Cuando la materia adquiere tal densidad, su atracción gravitatoria se vuelve tan fuerte que atraerá de regreso la luz que se desprende de este proceso de colapso rápido (Fig. 40A). Tal estado de la materia se denomina "agujero negro", porque la luz que podría venir a contar la historia de esta catástrofe no puede escapar al destino del resto de la materia y es succionada hacia el embudo del que no hay escapatoria. Este embudo recibe su forma por la curvatura del espacio-tiempo, que se hace muy pronunciada a medida que aumenta la densidad de la materia.

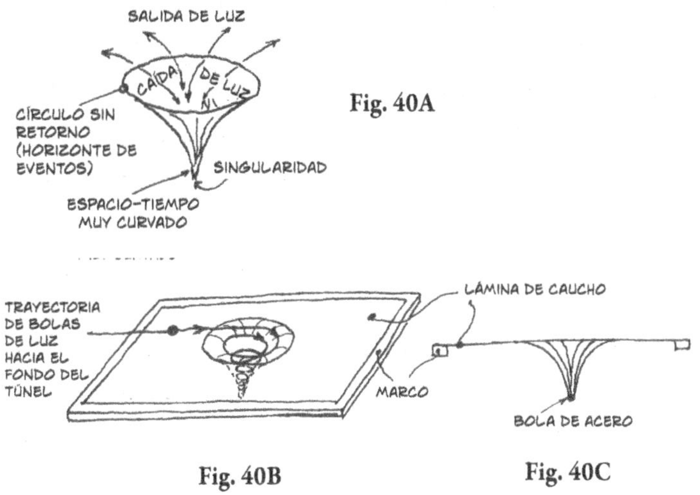

Fig. 40A

Fig. 40B

Fig. 40C

Una analogía bidimensional del espacio-tiempo nos servirá aquí para dilucidar esta cuestión de la curvatura del espacio-tiempo. Supongamos que tenemos una fina lámina de caucho estirada sobre un marco (Fig. 40B.). Este es el espacio-tiempo sin grandes trozos de materia en él. Supongamos ahora que situamos una gran masa, como una estrella, en este marco. Representaremos esta estrella con una pesada bola de acero. La bola de acero va a estirar la lámina de caucho y se hundirá en una profunda depresión en forma de embudo (Fig. 40C). Esta depresión en forma de embudo representa la curvatura del espacio-tiempo alrededor de un objeto pesado. Podemos decir que la atracción gravitatoria surge como resultado de la curvatura del espacio-tiempo. Esto puede observarse simplemente haciendo rodar una bola ligera hacia la depresión en forma de embudo producida por la "estrella". La trayectoria de la bola ligera se desviará de la línea recta, entrará en espiral y caerá en el embudo para unirse a la "estrella" (Fig. 40B). Actuará como si fuera "atraída por la 'estrella'". Cuanto más denso y pesado sea el objeto, más pronunciada será la curvatura de este embudo. En el caso de objetos muy densos, el fondo del embudo se estirará mucho, hasta convertirse en un pequeño punto.

Parece que no hay esperanza para la materia que ha caído en el agujero negro. Cuanto más densa se vuelve, mayores son las fuerzas que la aplastan; y cuanto mayores son las fuerzas que la aplastan, más densa se vuelve la materia. En resumen, la materia se aplasta a sí misma hasta desaparecer. Pero como la materia es energía, ¿a dónde se va la energía? Según nuestros físicos, pasa a través de un punto de singularidad, un punto teóricamente de tamaño cero, que es la perdición de matemáticos y físicos, porque las leyes de la Naturaleza se rompen en el estado de singularidad. Tras atravesar este punto, reaparece en un "universo diferente". Allí surgiría como un afloramiento de energía que encajaría en la descripción de un "agujero blanco", lo contrario a un agujero negro. Este agujero blanco es un núcleo o una fuente de la que emerge materia; de hecho, es como ese "huevo cósmico" descrito al principio de este capítulo.

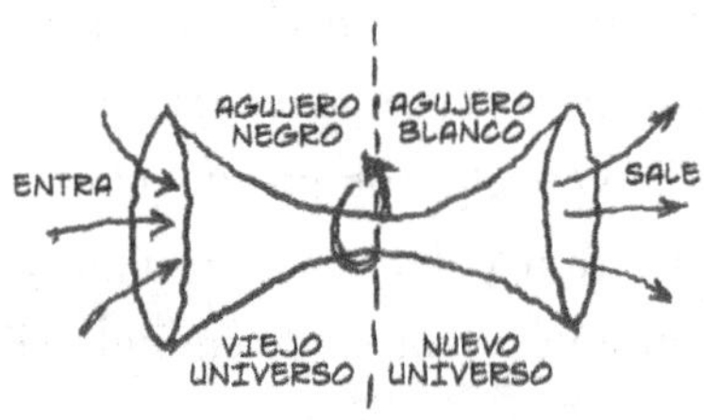

Fig. 41

Ahora hagamos un reconocimiento de las cualidades generales de los agujeros negros y blancos; entendiéndolos así, podemos concluir que el agujero blanco del huevo cósmico inicial debe proceder de un agujero negro, porque cuando toda la materia del universo se condensa en un punto, debe producirse un colapso gravitatorio y la materia colapsará hacia una singularidad, tal como lo hemos mencionado antes.

Nuestro universo, por lo tanto, ha surgido de un agujero blanco que resultó ser el extremo de salida de un agujero negro y lo que proponemos es que el universo está sometido a un proceso continuo de muerte y renacimiento. La materia que se emite del agujero blanco se nos presenta como el "huevo cósmico" o la bola incandescente primordial de la teoría del *big bang*. En el universo "pasado" esta materia ha caído en un agujero negro. Agujero negro y agujero blanco, pues, están "espalda con espalda". Uno es el extremo de entrada y el depósito final de toda la materia que ha pasado por un ciclo evolutivo, y el otro lado, el agujero blanco, es la fuente de toda la materia que reaparece en el "nuevo" universo. A medida que la materia pasa por los dolores de muerte y nacimiento de los agujeros blanco y negro, reaparece completamente homogeneizada y reenergizada para un nuevo viaje a través del ciclo evolutivo.

Según John T. Taylor*, las cosas no le van tan mal a la materia que cae en un agujero negro en rotación (también llamado agujero negro de Kerr) (Fig. 41). Aquí, la materia no atraviesa un punto de tamaño cero; más bien, la singularidad se parece a un anillo, y a medida que el agujero negro se convierte en un estrecho embudo en el lado de entrada, hay un embudo simétrico unido a él en el lado de salida, de donde emerge la materia. Sabemos que en este universo actual todo gira, desde los electrones hasta las galaxias; los agujeros negros y blancos en rotación podrían ser simplemente el origen de todo ese movimiento rotatorio en nuestro universo.

---

* Taylor, John, *Black Holes: The End of the Universe?* Nueva York: Random House, 1973; Londres: Souvenir Press, 1973.

Ahora está claro, para el lector atento, que una vez que tenemos un agujero negro, debe existir un agujero blanco asociado a él. Siempre tienen que venir en parejas, ya que la materia que ha desaparecido en el agujero negro tiene que reaparecer en alguna parte. Tal pareja es lo que denominaremos el núcleo. El núcleo es la fase VI de nuestro esquema de la figura 38, y es el principio y el fin del "tiempo" en nuestro universo. Podemos tomar el nacimiento de nuestra materia, que se produce en el núcleo, como fecha de referencia. Allí comienza el "tiempo" de este universo. A partir de ahí podemos medir los procesos de desarrollo de la materia antes descritos, desde la radiación hasta los átomos y las galaxias, ya sea en términos de tiempo o de distancia recorrida por el chorro de materia emitido por el núcleo (Fig. 42). Así, el "tiempo" pasa a ser solo una medida de la distancia, una dimensión superpuesta a una de las tres dimensiones de nuestro espacio.

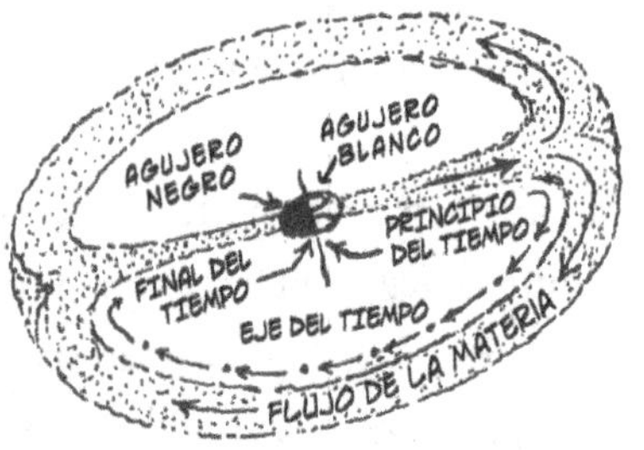

Fig. 42

La cantidad de "tiempo" necesaria para dar una vuelta alrededor de este toroide es todo el "tiempo" que hay en este universo. Porque si recorremos ese ciclo y caemos en el agujero negro, y luego volvemos a salir del agujero blanco, habremos vuelto a emerger en un nuevo universo. Así que el tiempo no fluye hacia ninguna parte; simplemente es. Es la **materia** la que se mueve, no el tiempo. Cuando nos movemos en el espacio, también nos movemos a lo largo del eje del tiempo. Si pudiéramos detener por completo nuestro movimiento en el espacio, es posible que experimentáramos que el tiempo no pasa en absoluto.

La figura 43 muestra una fuente puntual de la que emerge materia en un chorro en expansión, lo que constituye nuestro "universo en expansión". Solo podemos visualizar una pequeña parte de este, por lo que vamos a denominarlo "universo observable". Es el volumen limitado por el alcance de nuestros telescopios. Es solo una pequeña burbuja dentro de la enorme estructura. Supongamos ahora que nos situamos de algún modo fuera del universo. Entonces veríamos cómo las paredes de nuestra burbuja se expanden a medida que aumenta el volumen del chorro. Si tomamos una pequeña burbuja de espacio en A (Fig. 43), encontramos que su volumen ha aumentado a medida que se movía hacia el punto B, y cuando observamos que la misma burbuja se mueve hacia el punto C, hay claramente más expansión allí. Así pues, nuestro espacio-tiempo se expande, y el ritmo de expansión es mayor en el punto en el que el flujo de materia invierte su dirección; es decir, en la zona del embudo de la fase II. Así es como puede producirse la irregularidad observada en la distribución de la materia en el universo. Si la burbuja de nuestro universo observable está cerca de la entrada del embudo, puede sufrir una expansión desigual, lo que explicaría las diferencias observadas en la velocidad de las galaxias y los cuásares en el cielo. Volveremos sobre ello más adelante. Así pues, hemos visto cómo la materia y el espacio-tiempo atraviesan fases de expansión y contracción.

La materia que fluye fuera del núcleo situado en el centro del toroide, se encuentra tarde o temprano, en el exterior de él, a medida que avanza en sus fases de evolución. Después, más allá de la fase III, el espacio-tiempo empezará a contraerse y acabará por colapsar de nuevo en el núcleo. Esto constituiría un ciclo evolutivo de este universo. La materia que caiga en el núcleo volverá a emerger en un "nuevo" universo, como hemos demostrado antes. Por tanto, tenemos un flujo constante de materia que se mueve a través del núcleo. Desde el punto de vista de la materia que ha atravesado el núcleo y ha salido del agujero blanco, se trata de un universo completamente nuevo; pero para nosotros, los observadores que miramos desde afuera, no es más que la otra cara del mismo viejo universo. Lo único que ha ocurrido es que la materia ha sido comprimida, homogeneizada, convertida en **radiación**... y ya está lista para otra ronda.

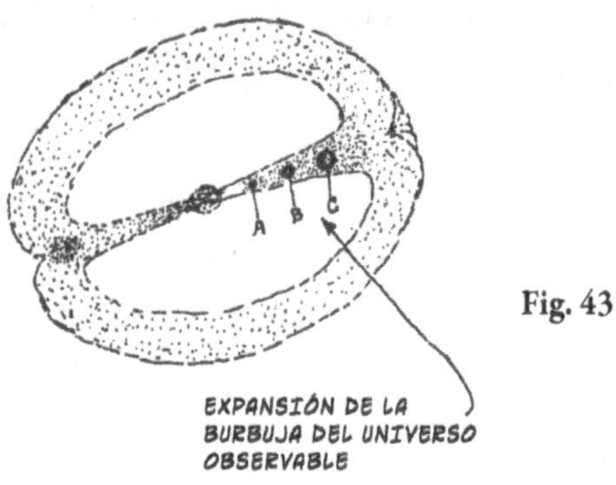

Fig. 43

Supongamos ahora que nosotros, los observadores externos, llegáramos de algún modo a la escena antes de que se creara este universo. Todo lo que podríamos ver entonces sería oscuridad (como dice la Biblia), porque incluso si estuviera presente toda la materia de la que está hecho el universo, no podríamos verla; la razón es que se hallaría en un estado de agujero negro sin materia fluyendo dentro o fuera de él, y el espacio-tiempo estaría enroscado estrechamente a su alrededor. Todo lo que podríamos ver en la oscuridad infinita sería más oscuridad. En resumen, nunca podríamos ver un universo **potencial**. Solo seríamos capaces de observar uno que empezara a actuar; es decir, un universo en proceso de creación. Y por creación entendemos la erupción de materia desde el lado del agujero blanco del núcleo (Fig. 44).

Fig. 44

Contemplemos por un instante el espacio oscuro e ilimitado en el que nos encontramos, como si estuviéramos a punto de presenciar el acto de la creación o la generación de nuestro familiar toroide espacio-temporal. Estamos flotando en un espacio en el que **no hay tiempo**, porque **no hay movimiento**. La materia introduce el movimiento y con él, el tiempo. Este espacio es el escenario en el que tiene lugar la creación; es el fondo inalterable, eterno e inmutable, del que surge toda creación. Si recuerdas el capítulo 5, puede que esto te suene familiar. Parece como si este espacio, al que hemos denominado protoespacio, se ajustara perfectamente a nuestra larga descripción del absoluto. Posee todas las características necesarias para describirlo. ¿Son los dos idénticos? ¿O este protoespacio es solo un componente del absoluto?

De luz y de vida

Consideremos ahora lo que le ocurre a la luz en estas condiciones. Cuando el chorro de materia radiante es expulsado del núcleo (al principio, la materia se halla en forma de radiación), se propagará en el protoespacio y **creará** así el espacio-tiempo. Este espacio-tiempo será **curvado** por la gran masa del chorro y obligará así a los fotones a seguirlo en una envoltura que va **rodeando** al chorro.

La figura 40B muestra cómo una bola o, en nuestro caso, un fotón, queda atrapado por la curvatura del espacio-tiempo. Si visualizamos el agujero blanco localizado en el fondo del embudo, como se muestra en la figura 40B, y el chorro de materia extendiéndose verticalmente hacia arriba, la luz emitida por el chorro se verá limitada a circular dentro de este embudo.

La luz seguirá entonces la curvatura del espacio-tiempo causada por la masa del chorro y, por lo tanto, no podrá penetrar en el espacio entre el chorro central y la envoltura de flujo de retorno del universo. (Véase la Fig. 45). Un toroide de protoespacio quedará así atrapado dentro de la envoltura de materia. Recordemos que sigue siendo un trozo del protoespacio original. Es el relleno de la dona. De esta manera, la luz se ve limitada a moverse más o menos cerca de la materia. Los observadores ubicados en la parte del chorro no pueden ver la luz emitida por la envoltura exterior a través del protoespacio atrapado; solo pueden ver a lo largo de la trayectoria de la materia. La luz emitida por el chorro, o la envoltura, terminará girando sobre sí misma (Fig. 45).

Fig. 45

Podemos preguntarnos ahora: ¿En qué momento del chorro comenzó la vida tal como la conocemos? En este punto, lector, estarás consciente de que la vida a nivel físico no es la única forma de vida que existe. De hecho, es una de las últimas formas de vida en aparecer. Como recordarás, la consciencia es la estructura que subyace en la materia y la vida; por lo tanto, también ha sido el principio subyacente del núcleo agujero negro-agujero blanco. A medida que la materia se hizo más y más compleja, la consciencia comenzó a manifestarse en las realidades físicas, en las formas de vida que conocemos. Sin embargo, la consciencia, la inteligencia y la vida siempre han estado unidas y siempre han estado presentes en todas partes.

Existen algunas indicaciones sobre la posición de nuestro "universo observable" dentro de esta gran estructura. Por universo observable no entendemos únicamente el universo limitado por el alcance de nuestros telescopios ópticos o radiotelescopios. Hay, sin embargo, un límite absoluto a nuestro horizonte, y es el horizonte de la velocidad de la luz. Sabemos que todas las galaxias se alejan de nosotros a velocidades proporcionales a su distancia. En otras palabras, cuanto mayor es la distancia, más rápido se alejan las galaxias. Cuando las galaxias más alejadas se aproximen a la velocidad de la luz, simplemente desaparecerán de nuestra vista, por la sencilla razón de que la luz, que tiene una velocidad fija de unos 300 000 kilómetros por segundo, no podrá alcanzarnos, ya que la fuente de luz se aleja de nosotros con una velocidad que se aproxima a la de la luz que viene en nuestra dirección. Si la galaxia hipotética se aleja de nosotros a una velocidad de, por ejemplo, 305 800 000 kilómetros por segundo, su luz nunca podrá alcanzarnos. Se trata, pues, de nuestro horizonte visual absoluto. Según nuestros conocimientos actuales, ese horizonte absoluto se encuentra a una distancia de unos 10 mil millones de años luz. El universo observable, por tanto, constituirá una burbuja en expansión de unos 20 mil millones de años luz de circunferencia, flotando en algún lugar de esta estructura mucho mayor.

Nuestra posición en el flujo

Es posible determinar la posición aproximada de nuestra galaxia, dentro de este universo en forma de toroide, haciendo una extrapolación a partir de la distribución desigual de las galaxias que conocemos hoy en día. Es decir, cuando miramos fuera de nuestra galaxia, hacia el espacio, nos damos cuenta de que otras galaxias no se alejan de nosotros a un ritmo uniforme, distorsionando así la esfera teóricamente perfecta del universo en expansión. Los datos cambian constantemente, pero parece que nuestros cielos están divididos en dos zonas generales: una centrada alrededor del polo norte de nuestra galaxia y la otra, aproximadamente opuesta a él, o a unos 30 grados de distancia del polo sur de nuestra galaxia. Las galaxias de la zona norte parecen alejarse de nosotros más rápidamente que las de la zona sur*, lo que también indica que aquellas están más alejadas de nosotros que sus homólogas del sur. Este efecto se observa de forma más evidente en el caso de los cuásares, los objetos más distantes que podemos ver. Forman, según Burbidge y Burbidge, dos regiones bastante definidas en las porciones norte y sur de las galaxias†. El grupo de cuásares del norte se reparte en un gran círculo alrededor del polo, mientras que el grupo del sur está más amontonado.

Esto indicaría que la burbuja de nuestro universo observable está estirada en forma de riñón, y que su parte septentrional sobresale y se expande más rápidamente que la meridional. Esto se debe a que el espacio-tiempo se expande mucho más rápidamente en la zona del embudo. Las flechitas dibujadas en la burbuja

---

* Rubin et al. "A Curious Distribution of Radial Velocities of Scl Galaxies". *The Astrophysical Journal*. 1973. Vol. 183, L111 – L115.

† Burbidge, Geoffrey y Margaret. *Quasi-Stellar Objects*. San Francisco, California: Freeman, 1967; Reading: W.H. Freeman, 1968. Estos datos han sido sustituidos por otros más recientes, que indican una distribución uniforme de los cuásares en el universo. Sin embargo, datos aún más recientes muestran una distribución desigual de velocidades.

muestran el ritmo relativo de expansión, y la posición de nuestra galaxia está marcada dentro de la burbuja (Fig. 46). Por supuesto, esto no está dibujado a escala; nuestra galaxia sería solo una mota muy pequeña dentro de la burbuja, y lo mismo ocurriría con la burbuja en proporción con el resto del universo.

Supongamos ahora que el nivel medio de civilización de nuestra galaxia es el que representa nuestro planeta. Sin duda, cabría esperar que la vida en las galaxias más antiguas que la nuestra —es decir, las que se encuentran más adelante en la línea de evolución— estuviera mucho más evolucionada. Las galaxias que están alcanzando el punto máximo de la expansión de nuestro espacio-tiempo (esto ocurre a la mitad de la envoltura exterior del toroide) estarían en un nivel de evolución incluso mayor. Estoy haciendo un paralelismo entre la expansión o el volumen del espacio-tiempo y la "expansión" de la consciencia. Por tanto, más allá de este punto máximo, cabe esperar un lento descenso del nivel general de consciencia, que degenerará con rapidez a medida que las galaxias se acerquen a su destino final en el agujero negro.

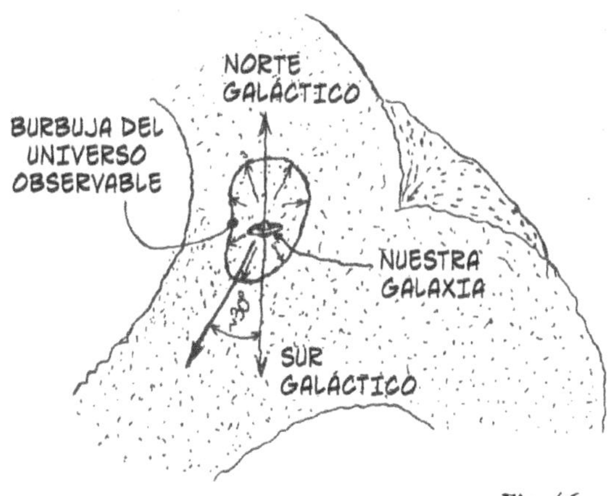

Fig. 46

Podemos estar seguros de que compartimos un universo en el que todo lo que ahora nos parece un problema ha sido resuelto una y otra vez por civilizaciones anteriores a nosotros en el "tiempo". Podemos decir, por tanto, que todo el conocimiento que se generó alguna vez está potencialmente disponible para nosotros en algún momento de nuestro universo.

Resumen

Hemos descrito el *big bang*, una expansión concéntrica del universo, y el desarrollo de galaxias y estrellas. Nuestro modelo de *big bang* continuo del universo sigue el modelo del cuásar emisor de chorros. En nuestro modelo, el chorro se ralentiza, se expande y gira sobre sí mismo, tomando finalmente una forma de ovoide. Esta forma ovoidal tiene un núcleo en su centro, que es un objeto agujero negro-agujero blanco. Es el origen de toda la materia del universo y su depósito final.

El "tiempo" se considera como la distancia recorrida por la materia emitida desde el lado del agujero blanco del núcleo, que da vuelta a la envoltura del toroide hasta entrar en el agujero negro.

Nuestro "universo observable" es una pequeña burbuja dentro del toroide del universo.

La posición de nuestra galaxia puede localizarse teniendo en cuenta las anisotropías en la distribución de las galaxias lejanas.

La expansión general de la consciencia está ligada a la expansión en el toroide del universo.

9. "GUÍA PRÁCTICA" DEL CONOCIMIENTO INTUITIVO

"El conocimiento está estructurado en consciencia".
—Maharishi Mahesh Yogi, citando los *Vedas*

En el último capítulo llegamos a la conclusión de que todo el conocimiento que se generó alguna vez está actualmente disponible en nuestra galaxia y en las galaxias más avanzadas. Estas galaxias estarían más allá de nosotros, hacia el diámetro mayor de la envoltura exterior de nuestro universo. Naturalmente, surge la pregunta: ¿hay alguna forma de aprovechar estos conocimientos? La respuesta es afirmativa.

Volvamos al capítulo 4, donde describimos el experimento con el tiempo. Allí hablábamos del "observador", una entidad no material que se expande a velocidades prácticamente infinitas en el espacio, en el punto de reposo del péndulo o del cuerpo. Este "observador" es el "nosotros" no físico, nuestra psique. Contiene toda la información, todo el conocimiento que hemos recogido durante nuestras vidas. También contiene nuestra personalidad, nuestro intelecto y nuestra intuición. Este paquete se desplaza durante un brevísimo período de tiempo en una dimensión espacial (Fig. 47) para llenar todo el espacio. Luego regresa al cuerpo, como si nada hubiera ocurrido, para hacerlo funcionar otra vez.

Podemos visualizar esto imaginándonos a nosotros mismos como globos que se inflan en un instante hasta alcanzar un diámetro muy grande y luego se desinflan igual de rápido. Todo ser vivo, incluidas las entidades de otros planetas de nuestra galaxia o fuera de ella, experimenta esta pulsación.

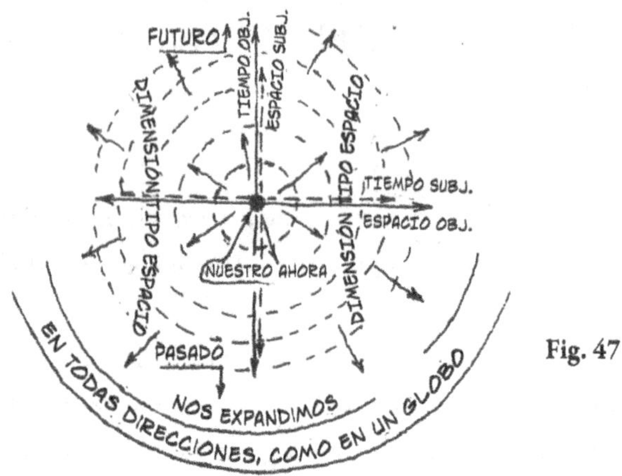

Fig. 47

Aquí se plantean algunos problemas teóricos, por lo que, antes de seguir adelante, tenemos que hacer dos suposiciones importantes: 1. La información —es decir, el "observador"— se comporta de forma coherente a medida que se expande; y 2. La información puede desplazarse a velocidades superiores a la de la luz.

En primer lugar, la coherencia es importante, porque tenemos que demostrar que, a medida que se expande, la información forma patrones de interferencia en el espacio-tiempo o protoespacio. Tal vez recuerdes lo que es un patrón de interferencia, a partir de la descripción del holograma que hicimos en el capítulo 1. Sabemos que los hologramas solo pueden hacerse con luz coherente, y también que los hologramas o patrones de interferencia contienen en cada elemento de su superficie o volumen **toda** la información sobre el sistema completo, del mismo modo que los cromosomas de cada célula de nuestro cuerpo contienen toda la información sobre cómo construir otra copia de él. Desde luego, sabemos que en la práctica son los espermatozoides y los óvulos los que se especializan en el asunto de hacer copias de nosotros, los seres humanos; pero, en principio, todas las células contienen toda la información sobre nosotros. Así pues, a medida que nosotros, los "observadores", nos expandimos rápidamente en la dimensión tipo espacio, formamos patrones de interferencia con otros "observadores", en tanto ellos también se expanden, y nuestra información interactúa con la información de esos otros "observadores". Todo esto ocurre contra el trasfondo de la frecuencia de referencia, o el absoluto. Volviendo al holograma, nuestros "observadores" son el "haz funcional", mientras que el absoluto es la referencia, el "haz inexperto, ingenuo".

En segundo lugar, la teoría de la relatividad afirma que la información no puede viajar más rápido que la velocidad de la luz. Espero que, con el tiempo, a medida que se encuentren formas de sortear estas limitaciones, se demuestre que no es así. Los investigadores del campo de las partículas más rápidas que la luz (taquiones*) están tratando de resolver estos problemas. Como resultado, está surgiendo una teoría más completa que permitirá que la información atraviese una dimensión tipo espacio y se propague allí de forma coherente. Veamos ahora qué aspecto tendrá nuestro modelo del universo a la luz de lo que acabamos de exponer.

La figura 48 muestra lo que les ocurre a nuestros "observadores" cuando irradiamos hacia el espacio. Nuestros frentes de onda cruzan toda la longitud del toroide interior del universo, al igual que los "observadores" expulsados de las galaxias avanzadas. En la envoltura exterior del universo, estos frentes de onda del "observador" se muestran ahora interactuando, al igual que lo hicieron los frentes de onda producidos por los guijarros que arrojamos al recipiente en la descripción del holograma del capítulo 1. A partir de esa descripción, sabemos que no solo podemos leer

* Bilaniuk, Olexa-Myron y George Sudarshan, "Particles Beyond the Light Barrier", *Physics Today*, 1969, pp. 43–51.

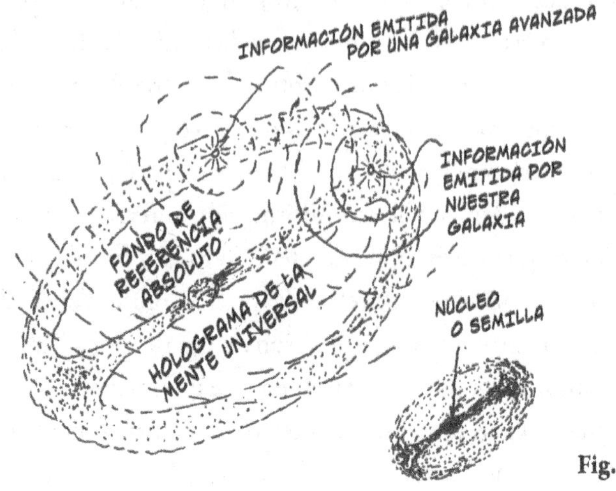

Fig. 48

la información de cada unidad de área del recipiente, sino que también somos capaces de rastrear cada bit hasta su origen. Así, mientras nuestros "observadores", u ondas de información, se expanden periódicamente dentro del toroide interior del universo, también lo hacen los "observadores", u ondas de información, de todos los demás. Durante una pequeña fracción de segundo formamos un holograma de información con ellos, y esto se repite muchas veces por segundo. La frecuencia de referencia respecto de la cual se produce toda esta interacción es el absoluto. Puesto que toda la información que se ha generado en este universo aparece ahí, podemos llamar a esa zona la "mente universal" (Fig. 48). Las personas que tienen "percepciones intuitivas" obtienen soluciones de esa región, y quienes tienen altos niveles de consciencia, que son capaces de extender su tiempo subjetivo, pueden aprender y traer de vuelta información útil sobre lo que sucede en la "mente universal". Podría parecernos que esta comunicación es simplemente "saber". Una persona así parece saber cosas que los demás no suelen conocer. Muchas veces, este conocimiento tiene que ver con acontecimientos venideros, detalles de la vida de las personas a los que el "conocedor" no tiene acceso, conocimiento de quién está en la línea antes de que suene el teléfono, etc. Estas cosas se clasifican como clarividencia, clariaudiencia, etc. Existen niveles superiores e inferiores de desarrollo de estas facultades. En los niveles superiores se puede obtener información sobre la naturaleza del universo y del cosmos, dependiendo de los intereses de cada individuo.

Estas facultades surgen espontáneamente o pueden cultivarse. Cuando tratamos con los asuntos humanos en tiempo objetivo, la información surge dentro del campo del planeta; es la información "local". Por lo tanto, es de esperar que su transferencia se produzca con poco o ningún retraso, tanto si utilizamos la telepatía como una llamada telefónica intercontinental. Personalmente, confiaría más en la información transmitida por teléfono. Sin embargo, las ventajas de la telepatía o la clarividencia se hacen evidentes cuando se trata de obtener información sobre otros sistemas, digamos, estrellas lejanas, como hacen los astrónomos. Un sistema de comunicación así, sin desfase temporal, sería revolucionario, porque lo que los astrónomos observan a través de sus instrumentos es el pasado, a veces contado en miles de millones de años. Es decir, la información que procede de una estrella vecina tarda ese tiempo en llegar hasta nosotros, porque la distancia media entre las estrellas es de unos cuatro o cinco años luz. Es posible que estemos observando objetos que ya no existen.

Sabemos que la galaxia de Andrómeda se encuentra a una distancia de unos dos millones de años luz de nosotros; en otras palabras, la luz tarda ese tiempo en recorrer tal distancia. Si la galaxia de Andrómeda explotó ayer, nos enteraríamos de este suceso dentro de al menos dos millones de años. Sin embargo, en nuestro modelo estamos demostrando que, al extender el tiempo subjetivo, se puede conseguir información de Andrómeda sin tener que esperar cuatro millones de años a que nos devuelvan una señal. La transferencia de información es instantánea, tanto para los habitantes de Andrómeda como para los de la Tierra, siempre que se tomen la molestia de aprender a elevar su nivel de consciencia. **De hecho, todo el universo está en comunicación constante e instantánea.** Cualquier acontecimiento grave puede ser conocido al instante a través del universo, por las consciencias cuyo interés o labor sea saber estas cosas.

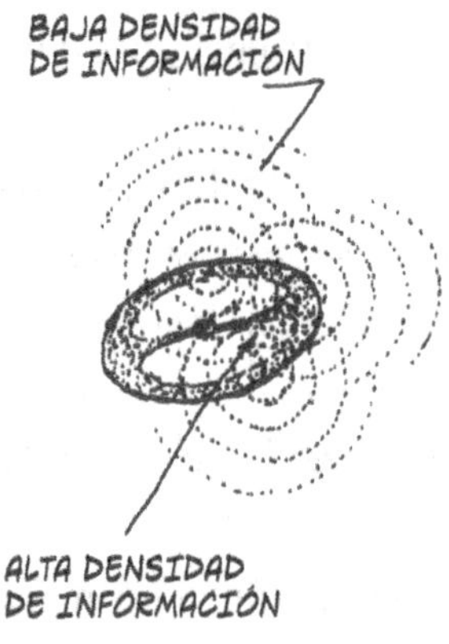

Hemos visto que la expansión de los observadores no tiene límites, porque se mueven en una dimensión tipo espacio a velocidad casi infinita y, por tanto, se expanden tanto hacia el centro como hacia el exterior del universo. Así, la información estará disponible para cualquiera que se encuentre fuera de nuestro universo. Sin embargo, la densidad de información será mayor hacia el centro de nuestro universo, y con ello también la claridad de la visión. Esto se debe a que las ondas de información —es decir, los "observadores"—, emitidas desde todos los puntos de la envoltura, tenderán a concentrarse más hacia el eje central del toroide. La información generada por nosotros y que sale del universo se debilitará rápidamente y se dispersará en el vasto protoespacio exterior a nuestro universo.

Aquí es donde entra en juego la "calidad de la consciencia", que hemos definido en términos de "frecuencia de respuesta". En el capítulo 5 dijimos que la frecuencia de respuesta puede describirse como la "agilidad" o rapidez con la que un sistema dado responde a un estímulo. Tomaremos ahora como "estímulo" el brevísimo lapso que nos permite expandirnos en el espacio y volver a colapsar. Cuanto más elevado es el nivel de consciencia de una persona, más elevada es su frecuencia de respuesta; cuanto más elevada es su frecuencia de respuesta, más lejos de su punto de origen puede penetrar el observador. También sabemos que cuanto más alto es el nivel de consciencia de una persona, mayor es su ángulo Ψ, lo que significa que puede expandirse en el espacio con mayor velocidad y disponer de más tiempo subjetivo para la observación. En resumen, una persona u "observador" con un nivel de consciencia superior, llenará el espacio más lejos y más rápido que uno que no esté tan desarrollado.

A partir de la óptica de los hologramas se sabe que, aunque todos los elementos del holograma contengan la información completa sobre los objetos representados en él, si solo iluminamos una pequeña zona del holograma la imagen aparecerá borrosa, es decir, tendrá baja definición; por otro lado, si iluminamos una gran zona del mismo holograma, la imagen aparecerá mucho más nítida. Por lo tanto, las personas con niveles de consciencia más elevados, verán los acontecimientos pasados o futuros con mayor nitidez que las que ocupan niveles de consciencia más bajos.

El universo modular

Cuando hablamos de comunicación a este nivel, debemos tener en cuenta otras consciencias, no solo la humana, que abundan en nuestro universo. Como hemos dicho, los seres humanos somos unidades de consciencia que forman una consciencia mayor; un grupo de estas consciencias mayores forma una unidad de consciencia aún mayor, y así sucesivamente. En resumen, tanto el universo material como el inmaterial son modulares. Del mismo modo que la unidad básica del universo físico, el átomo, se repite muchas veces para construir jerarquías cada vez mayores, las consciencias se organizan para formar consciencias mayores. Un grupo de átomos compone una molécula, es decir, la jerarquía superior al átomo. Un grupo de moléculas conforma un trozo de materia, digamos un cristal, visible a simple vista, o una simple criatura viviente, que será una jerarquía superior a la del cristal. Cuanto más ascendemos en las jerarquías, menos se parece la estructura de esa jerarquía a las propiedades del componente físico original, el átomo. Solo después de muchísimas jerarquías volverá a repetirse la estructura del bloque de construcción original, el átomo. En este caso, aparecerá hasta cierto punto reflejado en el sistema solar. Una galaxia elíptica representará incluso mejor la forma de un simple átomo.

La forma de nuestro modelo de universo y el flujo de materia que ocurre en él se parecen mucho a la estructura de los campos eléctricos que hay alrededor de una semilla o un huevo. La semilla muestra un comportamiento único; debido a ello la elegí para representar el universo y sus acciones. Tomemos como ejemplo un árbol. La semilla se encuentra potencialmente en cualquier parte del árbol. Finalmente, la matriz cuatridimensional del árbol (tiempo-espacio) se condensa en la semilla. Las moléculas vibrantes de los genes que transportan la información sobre la forma del árbol han codificado de algún modo la forma **espacial y temporal** del árbol, de modo que podemos decir que la semilla no solo transporta la información sobre la **forma** del árbol, sino también sobre su **desenvolvimiento en el tiempo**, o la secuencia de las diferentes etapas de su crecimiento y su cronología. La codificación espacial viene dada por la secuencia de aminoácidos; la codificación temporal puede ser dada por la relación de las frecuencias de vibración de los segmentos moleculares entre sí.

La semilla es una estructura única, porque en ella se ha condensado y almacenado el espacio-tiempo, a la espera del momento objetivo adecuado para su desenvolvimiento. Por lo tanto, es la representación del árbol en un **estado alterado y superior de consciencia**. Es un árbol que se ha desplazado a su espacio-tiempo subjetivo, en el que el tiempo y el espacio han perdido su significado habitual. Por lo que se refiere al árbol, es un estado en el que "el tiempo se ha detenido". La manifestación objetiva exterior de ese estado del árbol es la semilla. Después, cuando las condiciones objetivas se vuelvan favorables, el árbol saldrá de su estado **meditativo, de hibernación**, como semilla, y se desarrollará en el espacio-tiempo objetivo como un árbol maduro. En otras palabras, la semilla es una estructura más básica que el árbol, porque en sus cualidades está más cerca del absoluto.

Aquí podríamos arrojar algo de luz sobre la polémica de "¿Qué fue primero, el huevo o la gallina?" Si el huevo se siente solo y quiere compañía, la única manera de tener más huevos a su alrededor es pasar por la molestia de convertirse en gallina, que acabará poniendo más huevos. Por supuesto, para el huevo la ventaja de ser gallina es la oportunidad de interactuar con su entorno y evolucionar así a un nivel superior de consciencia.

Por lo tanto, deberíamos ver en la dualidad semilla-árbol una función única de la Naturaleza. No importa si se trata de la semilla de un árbol, del huevo de una gallina, de un espermatozoide humano o de una espora de alga. La semilla es única porque, si pudiéramos penetrar en su consciencia, descubriríamos que "se ve a sí misma" como un árbol adulto, a pesar de su confinamiento en una pequeña cáscara. En el siguiente capítulo profundizaremos en este tema.

Los campos de organización de la vida

Si tomamos un huevo común de gallina y con mucho cuidado hacemos dos aberturas, una en la parte superior y otra en la inferior de la cáscara, sin lastimar la delgada membrana que rodea su contenido, y luego utilizamos un voltímetro sensible con un conjunto de electrodos de plata para tocar la membrana expuesta en las partes superior e inferior del huevo (Fig. 49), encontraremos un voltaje positivo en la parte superior y uno negativo en la parte inferior. En el caso de un huevo no fertilizado que saquemos del frigorífico, esta tensión será una constante de 2,40 milivoltios. Si hacemos otras dos aberturas en los lados del huevo, una a espaldas de la otra, y tomamos medidas, no encontraremos diferencia potencial similar. Esto indica que hay un campo eléctrico presente a lo largo del eje del huevo, que entonces tiene que girar sobre sí mismo, como se muestra. Se ha demostrado que este comportamiento está presente en las esporas de las algas, los huevos de las ranas y las semillas. En *Blueprint for Immortality*, de Harold Saxton Burr, profesor de anatomía de la Universidad de Yale (Londres: Neville Spearman, 1972), se ofrece una buena descripción del campo que rodea a los organismos vivos. Estos campos parecen penetrar y rodear el tejido vivo. También se ha demostrado que la espina dorsal de un renacuajo dentro de un huevo de rana se alinea a lo largo del eje de este campo potencial. Sugiero que la forma del campo eléctrico que rige el desarrollo y la conformación de los seres vivos se refleja en la forma de nuestro universo. Aquí tenemos otro ejemplo de una forma en la microescala que aparece, después de muchas jerarquías de tamaño, en la macroescala. Burr los denomina **"campos de organización"**, y afirma que aparecen primero y guían a los átomos y moléculas del organismo en crecimiento hacia su forma adecuada. En efecto, lo que está diciendo es que un holograma electromagnético que cambia con el tiempo constituye un molde, y que la materia acaba rellenando ese molde, dando lugar a un cuerpo tangible. Esto encaja muy bien con el modelo que estamos desarrollando aquí. Es el primer trabajo que confirma realmente que nuestra materia (en este caso, nuestros cuerpos vivos) se mantiene unida por un patrón cuatridimensional de interferencia.

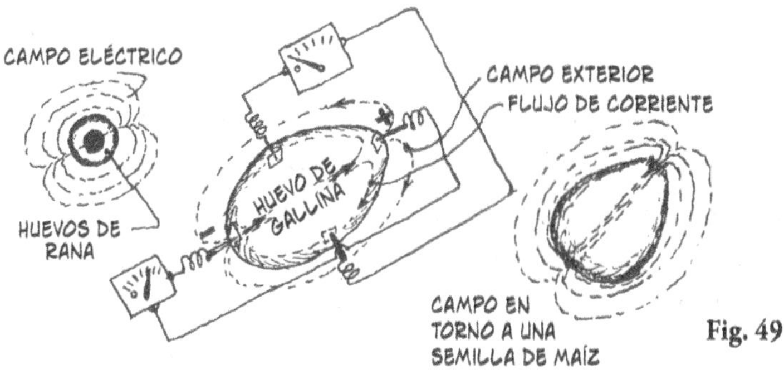

Fig. 49

En el capítulo 6 comentamos que nuestros invisibles cuerpos sutiles pueden equipararse con los "armónicos superiores" del cuerpo físico. Esta es una analogía razonablemente buena, pero da la impresión de que tales cuerpos sutiles se originan a partir del cuerpo físico. En realidad, **el cuerpo físico es el producto final**, por así decirlo, de los campos de información sutiles que moldean nuestro cuerpo físico, así como toda la materia física. Por ejemplo, sabemos que la mayoría de las enfermedades físicas son psicosomáticas, o causadas por nuestros componentes o cuerpos emocionales y mentales. Estos cuerpos, o campos, afectan la salud del cuerpo físico. Los cuerpos emocional y mental interpenetran el cuerpo físico y se extienden por el espacio que lo rodea. En la figura 5 del capítulo 1 vimos cómo los sonidos que interactúan pueden formar un cuerpo físico, en este caso, un cristal magnificado. Sabemos que el "sonido" del absoluto contiene energías muy elevadas. Se puede visualizar la materia física como una frecuencia de latido (capítulo 1, figura 7C) causada por la interacción de dos "sonidos" de este tipo, que tienen una frecuencia ligeramente diferente. Tal interacción causaría ondas de **frecuencia mucho más baja y de mayor amplitud**. Esto es, si recuerdas, como describimos (capítulo 5, figura 32) el "aspecto manifiesto visible del absoluto": las realidades físicas.

Diferentes tipos de seres

Hemos dicho que la materia contiene o es consciencia, y ahora tenemos que sacar las conclusiones inevitables de esa afirmación: De ser así, ¡nuestro planeta debe ser un ser muy grande! Y el sol aún más grande. Especulemos un poco sobre tal posibilidad.

¿Qué ocurre cuando perdemos la consciencia debido a algún trauma? ¿O cuando proyectamos nuestra psique, como en el experimento con el tiempo? En el primer caso, sabemos que los cuerpos se ocuparán de sí mismos: el corazón seguirá funcionando; la respiración, aunque superficial, estará presente; el cerebro producirá su salida eléctrica, etc. Pero, por lo demás, el cuerpo no responderá a los estímulos sensoriales normales; no se moverá, no hablará ni realizará ninguna de las actividades que solemos asociar con un estado de consciencia de vigilia. En el estado de meditación profunda percibimos síntomas similares. En ambos casos, nuestra psique se disocia de nuestro cuerpo. En el primero, es decir, en el estado inconsciente, la consciencia deambula sin rumbo, como en un estado de sueño profundo, o puede estar en una "visita guiada" a otras realidades. En el estado meditativo, la consciencia está separada del cuerpo, pero se mantiene activa en los niveles más elevados de la creación.

Tenemos que concluir, por tanto, que el cuerpo posee su propia consciencia, rudimentaria pero suficientemente inteligente y bastante capaz de hacer funcionar el cuerpo independientemente de la psique. Solo está vagamente conectada a la otra entidad, la psique. Esta consciencia es la suma total de las consciencias de las células de nuestro cuerpo, o de la "sabiduría de las partes internas", como dice la Biblia. Tenemos aquí, pues, dos entidades. Una es la relativamente baja y rudimentaria consciencia, que dirige el cuerpo, y la otra es la psique, una entidad de nivel superior que utiliza el cuerpo, la mayor parte del tiempo, como foco, pero que es independiente de él. Podemos comparar el cuerpo con un automóvil. Cuando el conductor se baja y deja el motor en marcha, este funciona normalmente. Pero para dar una dirección con propósito al auto, se necesita un conductor o una consciencia superior. Si la consciencia que dirige el cuerpo lo abandona, el cuerpo muere.

Este principio de dos consciencias que habitan un cuerpo puede extenderse a cuerpos más grandes: los de nuestro planeta, el sol, etc. Tendremos entonces una consciencia relacionada con la masa del planeta; sería una consciencia rudimentaria que mantiene al planeta en buenas condiciones; es decir, que mantiene en funcionamiento el metabolismo del planeta: la circulación atmosférica, las corrientes oceánicas, los equilibrios de gases, las temperaturas interiores y exteriores, los campos energéticos, etc. Este trabajo lo realizan las consciencias más pequeñas, que componen la consciencia del planeta. Las hemos descrito antes como espíritus de la Naturaleza de diferentes tipos y tamaños. Las grandes delegan el trabajo en las pequeñas, y así sucesivamente. La suma total de todas ellas constituye la consciencia rudimentaria del planeta.

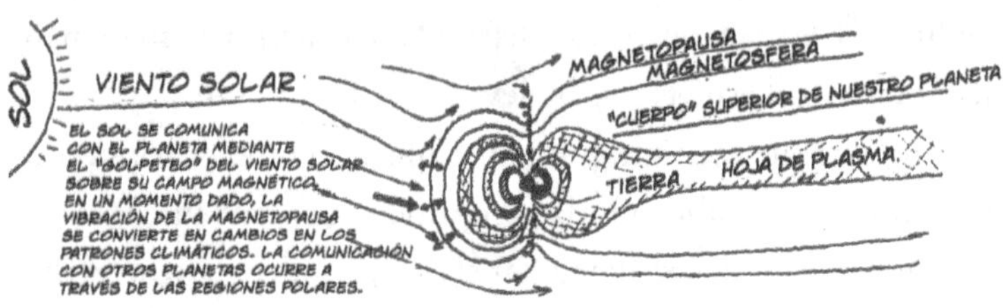

Podríamos comparar el cuerpo del planeta con el de una enorme ballena durmiente, cuyos movimientos son muy lentos, salvo algún estremecimiento local de vez en cuando. Por otro lado, tenemos la otra consciencia que habita el planeta y lo utiliza como residencia temporal. Es una consciencia enorme, y la suma total de las consciencias de la humanidad no constituye más que una fracción de esta gran consciencia o ser. Este ser guiará la evolución de las razas y civilizaciones humanas, y provocará cambios ambientales para estimular la evolución en determinadas direcciones.

Si en algún momento en el futuro se desarrolla una ecuación para explicar la consciencia rudimentaria, sugiero que se parecerá de alguna manera a esta:

consciencia rudimentaria = constante x masa x flujo x temperatura

La constante puede ser muy pequeña, algo así como la constante de Planck. Por flujo entiendo la cantidad de energía de todas las frecuencias irradiada por la masa.

El sol, al tener una masa y una temperatura mucho mayores, tendrá una consciencia rudimentaria mucho mayor, que controlará los procesos que tienen lugar en él y servirá de residencia para una consciencia mucho mayor que la de la Tierra. La consciencia de la Tierra y de los demás planetas estará contenida en la consciencia del sol y formará parte de ese ser. Podríamos llamar a este ser la consciencia superior del sol, mientras que la primera es la consciencia superior de nuestro planeta. Estas enormes inteligencias están más allá de nuestra comprensión.

Consideremos por un momento el sistema en el que vivimos. La vida física es posible gracias a las energías que nos suministra el sol. Nuestros cuerpos están formados por materiales que nos suministra el planeta. Estos cuerpos, temporalmente animados, nos los presta el planeta, y luego los materiales utilizados para los cuerpos serán devueltos, mientras que la psique vuelve a la realidad que mejor se adapta a ella. Esa realidad puede estar relacionada con la de nuestro planeta, el sol, el universo o el cosmos, dependiendo de su nivel de evolución.

Los seres vivos desempeñamos un papel importante en la evolución de la consciencia rudimentaria de nuestro planeta. En líneas generales, lo estamos elevando de nivel. Sin embargo, para vivir en sintonía con él, tenemos que ser sensibles a sus necesidades, la más básica de las cuales es el equilibrio. Las cosas que desequilibran el sistema en un alto grado causan estrés en esta gran consciencia. Por estrés, en este caso, entendemos también estrés emocional. Cuando el desequilibrio se hace demasiado grande, el planeta responde a su manera mediante catástrofes naturales para recuperar su equilibrio.

El sol regula la vida en este planeta, tanto por la cantidad de radiación electromagnética, que sentimos como calor y luz, como por las fluctuaciones causadas en el campo magnético de la Tierra: las de la ionosfera, los patrones meteorológicos, el campo electrostático del sistema ionosfera-Tierra, y muchos otros fenómenos que hasta ahora no se han medido. El sol "habla" a los planetas con su emisión acústica: el viento solar.

Haría falta mucha imaginación para visualizar una consciencia que dirigiera una galaxia, un cúmulo de galaxias o, por último, el universo. Esa consciencia **existe** y la llamaremos el Creador. Todas estas consciencias están en comunicación entre sí, e incluso podríamos escuchar a escondidas sus conversaciones mientras estamos en un estado elevado de consciencia. El conocimiento que obtendríamos sería mínimo, ya que sus temas de conversación están muy alejados de los nuestros.

Resumen

Tenemos un universo cerrado, que forma un toroide hueco y alargado. Dentro de este toroide hay un toroide interior de protoespacio. La luz no puede viajar a través del toroide interior, pero nuestras psiques sí.

Nuestras psiques, que contienen todo nuestro conocimiento, se expanden periódicamente en ese espacio durante lapsos muy cortos y a velocidades prácticamente infinitas. Allí, las psiques humanas forman un patrón de interferencia con las psiques de todas las demás consciencias del universo.

A este patrón de interferencia u holograma de información de conocimiento podemos denominarlo "mente universal". El conocimiento en la mente universal está abierto a cualquiera que pueda prolongar su estancia, al alargar su tiempo subjetivo mientras está allí para obtener información útil y descifrarla a su regreso.

La materia contiene o es consciencia. Nuestro planeta es, por tanto, una consciencia mayor, y también lo es el sol. Una consciencia rudimentaria, contenida en la materia y en las células vivas, mantiene la vida en el cuerpo. Una consciencia superior, la psique humana, habita ese cuerpo la mayor parte del tiempo, pero es independiente de él. El planeta y el sol tienen también una consciencia con "residencia permanente" y una consciencia-inteligencia superior que la utilizan como un foco o garaje.

Todas estas consciencias se comunican entre sí y forman parte del holograma de información. La comunicación en todo el universo es continua e instantánea.

Tras la "muerte" del cuerpo físico, la psique regresa a su reino, encontrando la banda de realidad adecuada con la que resuena de forma natural, dependiendo de su nivel de evolución.

Nuestros cuerpos físicos están formados por campos de organización. Estos campos son hologramas electromagnéticos de cuatro dimensiones, que cambian con el tiempo. Nuestros cuerpos físicos son los productos finales y el resultado de las interacciones de nuestros "cuerpos de información" sutiles, no físicos.

10. ALGUNAS REFLEXIONES SOBRE EL CREADOR

En el capítulo 2 observamos la materia con un gran microscopio. Cuanto más mirábamos, más ampliábamos y menos encontrábamos. Acabamos con un **vacío**, permeado de campos de energía pulsantes. Al observarla con más atención, incluso la materia más "sólida", la que le confiere la mayor parte de la masa —el núcleo del átomo, que al principio aparecía como un grano sólido de materia—, se disolvía en un vórtice de campos pulsantes. Así pues, descubrimos que el denominador común de toda la materia es el vacío, su sustancia fundamental, por así decirlo. Los seres humanos nos consideramos hechos de "materia sólida". Sin embargo, a estas alturas sabemos que no somos más que un patrón de ondas de interferencia que va cambiando con el tiempo. O, en otras palabras, somos un holograma de cuatro dimensiones. La base del holograma es el vacío que permea y conecta toda la creación. Ya hemos oído hablar de este vacío; así es como hemos descrito el absoluto.

Al observar los campos de energía pulsante, nos preguntamos: ¿qué ocurriría si redujéramos la pulsación de los campos de energía o detuviéramos por completo sus pulsaciones? La respuesta es que regresaríamos a nuestro vacío, o al absoluto. Es como si el viento que ha levantado las ondulaciones sobre la superficie del mar del absoluto hubiera dejado de soplar; la calma se instala y la superficie del mar vuelve a ser lisa. No hay movimiento y por lo tanto, no hay tiempo ni materia. El absoluto permanece ahí, imperturbable. (Recuerda que este absoluto es la pura consciencia combinada con la inteligencia, como se mencionó en el capítulo 5).

Ahora podemos ver que, para restablecer la creación manifiesta, tenemos que ser capaces de agitar o hacer vibrar de alguna manera la superficie del absoluto. No es una tarea sencilla, y ni siquiera sabríamos cómo empezar. Pero para eso están, por supuesto, los Creadores.

Recordarás que las ondulaciones en la superficie del mar del absoluto en lo "relativo fino" (Fig. 33A) son tan pequeñas y de una frecuencia tan alta que resultan invisibles. El absoluto se encuentra a la vez en estado de reposo, en uno de enorme energía potencial. Del mismo modo, hemos visto cómo la velocidad infinita se ha convertido en un estado de reposo, cómo el nacimiento de la materia se produce simultáneamente y en el mismo lugar que su muerte. Creación y destrucción son simultáneas. La degeneración lleva en su corazón la renovación. Sabemos que el final del tiempo es su principio. En resumen, descubrimos que en la Naturaleza existe un nivel en el que todos los extremos se reconcilian y se funden. Es en este nivel donde el blanco y el negro, el bien y el mal, se funden en una sola "Esencia". También es ahí donde se encuentra la verdad última. La verdad no es blanca o negra; es ambas. Los pares de opuestos de los niveles inferiores se funden en el nivel superior.

Tendemos a ver la Naturaleza a través de una pequeña rendija, desde un ángulo estrecho; otros la ven desde otro ángulo y la describen en un lenguaje que suena diferente, pero no lo es. El universo es tan rico en diversidad que casi cualquier cosa que se diga sobre él es correcta, siempre que se tenga una visión lo suficientemente amplia.

Ya hemos intentado trazar a mano los espíritus de la Naturaleza; veamos ahora si podemos seguir las acciones del Creador de un universo. Intentaremos fisgonear por encima de su hombro mientras trabaja. El escenario sería algo así: en el tremendo, ilimitado, infinito y oscuro vacío algo se agita. Un gran volumen del vacío ha decidido moverse y está definiendo sus límites. Esta enorme consciencia-inteligencia está **separándose del *continuum*** a fin de empezar a actuar. Se ha convertido así en una entidad individualizada. Contiene enormes cantidades de energía, porque el estado del absoluto es de la más elevada energía potencial. Es un estado de reposo del péndulo.

Ahora, el Creador tiene que asentarse y empezar a trazar planes de lo que debe hacer dentro de Sus bienes raíces, que es Su cuerpo. Se sienta en Su sillón cósmico y contempla. Se da cuenta de que a menos que Él pueda producir una consciencia igual a la Suya con todas las cualidades, nunca sabrá lo que es Él mismo. Así que se dispone a decidir las reglas del juego, es decir, las leyes de la Naturaleza, tal como las conocemos; Él inventa las leyes de la evolución. La evolución refinará la consciencia hasta un punto en el que se parecerá a Él en todos sus atributos. Comenzará con materia de baja consciencia, la hará cada vez más compleja, y observará el surgimiento de la primera inteligencia que pueda contemplarse a sí misma. Esto reflejaría uno de Sus atributos básicos y sería todo un hito **en Su desarrollo**. No olvidemos que todos estos procesos ocurren dentro de Él, en Su tiempo subjetivo.

Él tendrá que inventar las criaturas más diversas, las situaciones más diversas y los acontecimientos más diversos; luego hará que Sus criaturas pasen por todas esas posibles situaciones e interactúen de todas las maneras posibles. Cuando todos Sus seres diferentes hayan pasado por todas las posibles situaciones e interactuado de todas las maneras probables, conocerá aquello de lo que Él es capaz; entonces se conocerá a Sí Mismo.

El Creador utiliza la dualidad del bien y el mal como un catalizador para acelerar las interacciones: el bien significa el conocimiento de Sus leyes; y el mal, la ignorancia de Sus leyes máximas. En otras palabras, aquello que está en armonía con Sus leyes y ayuda en el proceso de la evolución es "bueno", y aquello que la frena es "malo". Sin embargo, Él se las apaña para utilizar ambas en interés de la evolución. Su constante interacción acelera el propio proceso de la evolución.

En el caso de las criaturas más evolucionadas, el libre albedrío está integrado en el sistema, de modo que pueden llegar a convertirse en cocreadores. Mientras que las criaturas más simples pasan por una matriz de acontecimientos presente, las más evolucionadas pueden elegir entre una serie de caminos posibles. Pero una vez elegido, cada camino tiene su resultado final predeterminado para que encaje en la matriz general de sucesos, al tiempo que sigue permitiendo mucha variedad.

Una matriz de acontecimientos puede visualizarse como patrones de campo de diversas formas dentro del espacio-tiempo. Están incrustados dentro del espacio-tiempo, en una secuencia determinada que se ajusta mejor a la evolución de la consciencia. Estos campos estimulan, equilibran o deprimen ciertas tendencias dentro de nuestra psique. Cuando sucede que, en su camino a través del chorro en expansión, la Tierra cruza una matriz de acontecimientos que produce estrés, el resultado será que ciertos segmentos de la humanidad —los más susceptibles en ese momento— se agitarán, dando lugar a una posible guerra. Si la matriz de acontecimientos tiene un efecto calmante, se producirá un período de paz. Si la matriz de acontecimientos de la guerra tiene forma de salchicha alargada (Fig. 50), cuando nuestro planeta la atraviese por primera vez es posible que la guerra se libre con palos, mientras que la próxima vez se librará con rifles y la tercera vez se utilizarán bombas atómicas. El acontecimiento es el mismo; solo ha cambiado la tecnología. Las causas de la guerra son siempre las mismas: la codicia por más riqueza y territorio, el odio, la intolerancia, etc. El acontecimiento salchicha tendrá las frecuencias de estímulo para evocar estas emociones, y a medida que estimulan nuestro sistema endocrino, estos eventos tenderán a ocurrir. ¿Recuerdas cómo la luna llena hace que las personas emocionalmente desequilibradas cometan crímenes? Este es un efecto similar, solo que a gran escala. Un largo acontecimiento salchicha puede ser la causa detrás del dicho: "La historia se repite".

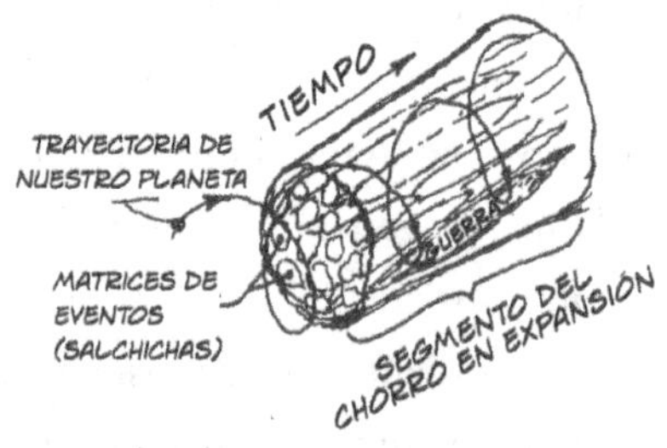

Fig. 50

NUESTRO PLANETA SE ENCUENTRA EXPERIMENTANDO EVENTOS BÉLICOS A LO LARGO DE LA MISMA SALCHICHA

Al principio, el Creador observa con indiferente regocijo la manera en que sus criaturas atraviesan los acontecimientos, como un flujo de materia animada. Sin embargo, en algún punto del camino de la evolución, surgirán consciencias que llamarán Su atención. Serán criaturas que no solo se contemplarán a sí mismas, sino que empezarán a contemplarlo a Él. Cuando una criatura ha alcanzado un nivel de desarrollo en el que comprende su verdadera composición y percibe que "tú eres eso", se autorrealiza.

Todo el esquema de la creación se vuelve transparente para ella, y en adelante se verá a sí misma actuar dentro de ese esquema, pero al mismo tiempo permanecerá separada de sus acciones. Esto es análogo al comportamiento del Creador, que actúa, pero al mismo tiempo permanece separado y ajeno a la acción. Cuando una criatura adquiere este atributo del Creador, Él lo aprecia; apartará tal unidad de consciencia y le dirá: "Toma, haz esto...". Puede que al principio se limite a hacer pequeñas tareas, pero tarde o temprano la unidad de consciencia en cuestión empezará a guiar la evolución de otras consciencias; es decir, el ser se convertirá en cocreador y, con el tiempo, en un dios menor. A medida que pasa el tiempo, más consciencias alcanzan niveles elevados, ángeles, humanos o no humanos. Pero el objetivo no se cumple hasta que de Sus miríadas de criaturas emerge una consciencia que puede convertirse en Él: Su doble. Una vez que el Creador se ha duplicado, se conoce a Sí mismo, pues ha logrado evolucionar una consciencia que es tan grande como Él. Y entonces cierra Su tienda, absorbiendo en Sí Mismo toda Su creación manifiesta, y regresa al vacío.

Hasta ahora hemos estado tratando de anticipar los pensamientos del Creador al planear y organizar el universo **en Su espacio-tiempo subjetivo**. Tenemos que subrayar que los acontecimientos descritos hasta ahora todavía no habían tenido lugar en el espacio-tiempo objetivo; en otras palabras, eran solo Sus pensamientos y todavía no se habían manifestado. Como recordarás, en el capítulo 4 comentamos que el nivel más alto de consciencia se produce cuando el ángulo Ψ equivale a 90 grados, es decir, cuando el tiempo subjetivo se superpone al espacio objetivo. Esto significa que el tiempo subjetivo es infinitamente largo, y una consciencia en ese estado llena todo el espacio; en otras palabras, es omnipresente. De acuerdo con la información que compartimos en el capítulo 9, sabemos que en este estado la consciencia también es omnisciente. Este es el ángulo, o estado, en el que el Creador **es** y piensa Su universo.

Como hemos dicho antes, una vez que Él ha decidido moverse, comienza por definir Sus límites, Sus bienes raíces, por así decirlo. Lo hace por medio de la luz; aparece un recubrimiento de luz que contornea Su cuerpo. No se trata de una luz tal como la conocemos, sino de un nivel de energía propio de Él, que actúa como contenedor de lo que conocemos como nuestro espacio-tiempo manifiesto. Es muy probable que Su cuerpo sea un ovoide parecido a un huevo o una semilla, y su tamaño sería, naturalmente, el del universo.

Todos estos acontecimientos ocurren en el espacio subjetivo y en el tiempo subjetivo del Creador, ya que Él es el ser con el nivel de consciencia más elevado posible. Por lo tanto, Su tiempo subjetivo se extiende mucho. De hecho, Él tiene una cantidad infinita de tiempo para llevar a cabo todo lo que estamos hablando. Pero para nosotros, simples mortales, que estaríamos observando la acción de alguna manera desde la distancia, todo esto ocurriría de repente, porque pasamos la mayor parte de nuestro tiempo consciente en el tiempo-espacio objetivo. Por lo tanto, mientras que el Creador puede tomarse Su tiempo para contemplar, diseñar y construir Su universo tranquilamente, para nosotros aparecería en un *big bang*. De repente todo estaría ahí. Y para descubrir objetivamente lo que hay, tenemos que empezar a explorar Su creación con nuestro modo lento, poco a poco, y enredarnos en el familiar universo espacio-temporal en el que las cosas suceden en una secuencia más o menos ordenada.

Volvamos ahora y observemos al Creador hacer Sus "cosas" en Su espacio-tiempo subjetivo. Lo hemos observado delinear Sus bienes raíces, que estaban envueltos en una cobertura de luz.

Dentro de esta cobertura Su energía es al principio difusa. Luego, Su energía comienza a polarizarse; hay una separación espacial de la energía positiva y la negativa (Fig. 51). A esta energía la llamaremos "protomateria", o precursora de nuestra materia. Ahora tenemos protomateria positiva y negativa.

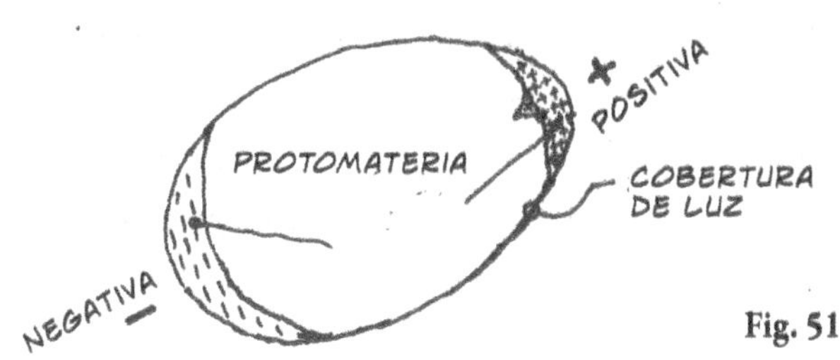

Fig. 51

Digamos que la energía positiva se ha acumulado en la punta del ovoide, y la negativa en su parte inferior. Ha surgido así un diferencial de energía o potencial a lo largo de los ejes del ovoide. Nace así el aspecto relativo del absoluto. Ahora existe una diferencia entre el exterior y el interior de la cobertura de luz y una diferencia de energía entre los dos extremos del ovoide. Ha surgido una dualidad donde antes no la había.

El momento del hallazgo

Mientras tanto, en los polos del ovoide se ha ido acumulando cada vez más energía. El ovoide tiembla debido a la gran acumulación de energía potencial y, de repente, ¡zas!, una gran chispa centellea como un rayo a través del vacío de la cobertura de luz. Se produce un gran trueno, el primer "sonido", y el primer acto de fertilización ha tenido lugar (Fig. 52A). El impacto de esta descarga pone en movimiento el depósito de protomateria negativa, que se eleva en una gran columna al ser atraída hacia el polo opuesto (Fig. 52B). Se extiende por la punta de la cobertura ovoide y baja abrazando sus paredes, de vuelta al fondo (Fig. 52C). Continúa fluyendo en la columna central hasta aproximadamente la mitad de la altura del ovoide. Aquí, agotada su energía, la columna vuelve a caer en el depósito de energía negativa del fondo del ovoide, excepto una gota de materia que se separa de la columna y queda flotando, equilibrada entre los dos polos (Fig. 52D)*. El flujo de protomateria ha preparado —o, podemos decir, "sembrado"— el protoespacio para la aparición del tipo de materia física que conocemos. El flujo de protomateria ha delineado el volumen al que estará limitado nuestro espacio-tiempo. El sonido del gran trueno sigue resonando en el interior de la cobertura.

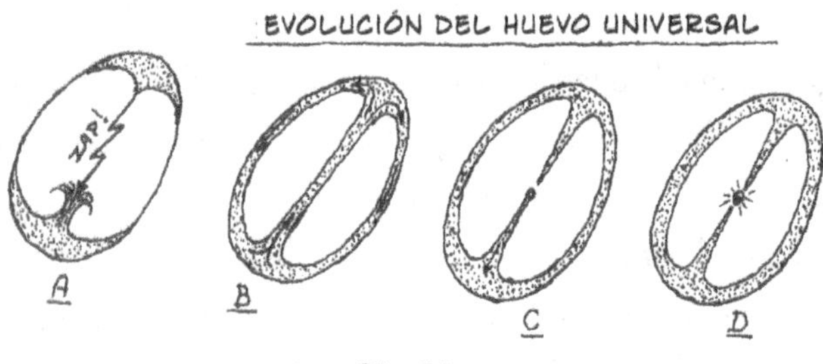

Fig. 52

Este es el momento en que el Creador enfrenta el hallazgo que ha contemplado y pensado durante mucho tiempo, y ahora, por fin y de repente, ha visto todo el diseño, en todos sus complicados detalles. En un gran destello de perspicacia creativa, ha hecho aparecer las formas **potenciales** de toda la creación. Este gran sonido, que contiene todas las frecuencias posibles, reverbera continuamente dentro de la cobertura, creando un número infinito de

* En la dinámica de fluidos, la separación de gotas de un chorro es un fenómeno muy común. Cuando se produce una descarga de alto voltaje en las condiciones que se muestran en la figura 52A y el fluido del recipiente resulta ser un dieléctrico, es muy probable que se produzca el tipo de comportamiento que se muestra en las figuras B, C y D.

patrones de interferencia de seres **potenciales** y matrices de eventos. Esboza todo lo que el Creador ha visualizado que Él mismo es. Y así, habiendo preparado la forma, aparecerá el universo espacio-temporal, limitado, visible, físico y no físico relativo. La materia llenará gradualmente las formas o moldes creados por los patrones de interferencia en el protoespacio. Estas formas y patrones de acontecimientos han sido **visualizados y vistos** por el Creador en su totalidad, desde el principio hasta el final del tiempo, es decir, comenzando en el agujero blanco y terminando en el agujero negro.

Su enfoque se ha convertido ahora en la gotita que flota en medio de la cobertura. La acción de esta gotita (el agujero blanco y el agujero negro) refleja a través de ella el flujo anterior de protomateria. Se convierte en un foco, una fuente que produce un flujo de materia física en forma de radiación para llenar las matrices de acontecimientos, los patrones de interferencia preparados por el sonido que reverbera.

Este es el núcleo o el huevo. Representa toda la información sobre el universo de forma condensada, igual que una semilla representa un árbol. El resto de la estructura ovoidal refleja la misma información de forma manifiesta, "desplegada", es decir, el árbol propiamente dicho. De nuevo tenemos aparentemente dos opuestos: la semilla y el árbol. Ambos contienen la misma información, pero en forma diferente. Una es una forma potencial, que refleja lo absoluto, y la otra es una forma manifiesta, "desplegada", que representa las realidades relativas o el absoluto en acción.

Ahora sabemos que el propósito de la evolución es producir consciencias de orden cada vez más elevado. El universo es una máquina de enseñanza y aprendizaje. Su propósito es conocerse a sí mismo. El conocimiento está disponible libremente en el universo, como cualquier otro recurso natural. Está ahí para todo aquel que esté dispuesto a hacer el esfuerzo de tomarlo.

Podemos hurgar en nuestro tiempo-espacio secuencial "objetivo", o podemos tomar la ruta intuitiva del "tiempo-espacio" subjetivo. Ambos son necesarios para llegar hasta allí.

Mientras las criaturas de todas las galaxias atraviesan sus patrones de acontecimientos en este enorme holograma denominado universo, debemos recordar que cada elemento de volumen del holograma contiene **toda** la información sobre el gran diseño completo. En otras palabras, "el conocimiento está estructurado en consciencia".

Esta es, de nuevo, otra pequeña pista que nos da la Naturaleza: "estudia lo micro y encontrarás lo macro reflejado en ello". Por otro lado, si nos estudiamos a fondo a nosotros mismos, puede que encontremos el diseño del universo reflejado ahí.

No es necesario repetir al lector intuitivo lo que ya se ha señalado antes: que un huevo y todas las semillas reflejan este diseño básico del universo. La energía fluye por el centro del huevo, a lo largo de su eje longitudinal, da la vuelta y vuelve sobre sí misma, formando un campo exterior de energía.

Pero, de nuevo, esto puede significar que el huevo universal es solo la semilla producida por un sistema mucho más vasto, en el que el huevo de nuestro universo es únicamente una pequeña célula entre muchas otras, y ese sistema más vasto, a su vez, es solo una célula de un sistema aún más vasto, y ese sistema aún mucho más vasto es de nuevo solo una mota en un sistema aún más vasto, y...

Resumen

Nuestra realidad objetiva se compone de un vacío lleno de campos que pulsan. Si detenemos las pulsaciones de los campos, regresamos al absoluto.

El absoluto es donde los extremos opuestos se reconcilian y se fusionan. Este es el nivel en el que funciona el Creador.

El Creador traza los planes para Su universo. Son las leyes de la Naturaleza, las reglas del juego.

Su objetivo es la evolución de la consciencia. Utiliza fuerzas opuestas del bien y el mal para estimular la evolución.

Incluso las matrices son campos dentro del universo que afectan a nuestras glándulas endocrinas de maneras particulares, preprogramadas, para que la porción más susceptible de la humanidad se comporte según ciertos patrones esperados.

Cuando una unidad de consciencia se ha desarrollado hasta un punto en el que comprende que es parte del Creador, el Creador la apartará y le asignará algunos trabajos. Con el tiempo, esa consciencia se convertirá en cocreadora.

La creación de un universo comienza por la separación de una parte del vacío, que es contorneada por una cobertura de luz para formar una cáscara ovoidal. Entonces se produce la polarización de la protomateria. Una descarga atraviesa los dos polos del ovoide y pone en movimiento la protomateria.

El núcleo del agujero blanco-negro, situado en el centro, es la fuente de toda la materia del universo.

Es posible que este universo no sea más que una minúscula célula de una estructura mucho mayor.

EPÍLOGO

De vuelta al espacio-tiempo subjetivo de nuestro Creador...

Al producir otro creador ("a su imagen y semejanza lo creó"), el Creador se va al equivalente de una farmacia cósmica para pasar el rato, charlar y relajarse con los chicos. Ahí presenta y muestra a su nuevo doble, que aún es ingenuo, pues no ha experimentado las preocupaciones de un Creador. Después de descansar un rato y de recoger algunos consejos útiles para su próximo universo, el Creador sale para otra ronda. En el camino, por solo una fracción de segundo, un pensamiento cruza Su mente: "¡Quién sabe! Después de esta ronda puede que consiga un ascenso...".

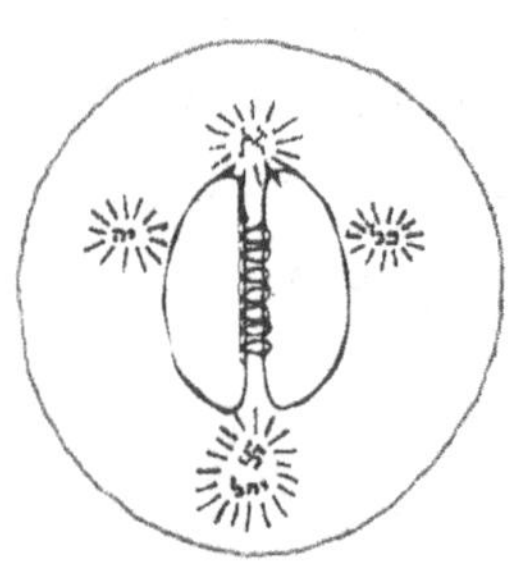

APÉNDICE
EL ESTRÉS Y EL CUERPO

INTRODUCCIÓN
EL ESTRÉS Y EL CUERPO

Las alegrías y los infortunios de la evolución acelerada

Tendemos a considerar al sistema nervioso humano como cualquier otro órgano de nuestro cuerpo, como algo relativamente estático e inmutable. Me gustaría señalar que nuestro sistema nervioso tiene un enorme potencial de desarrollo, y que este se desarrollará a través de la evolución biológica normal durante los próximos milenios. Esta evolución puede acelerarse mediante ciertas técnicas.

Dijimos antes que el sistema nervioso humano puede aprender a funcionar a diferentes niveles de consciencia o realidades. Normalmente, este desarrollo es un proceso largo y puede lograrse mediante la meditación sistemática o puede pasar de forma espontánea.

A lo largo de los años que llevo trabajando en este ámbito, he visto muchos casos de evolución espontánea y sistemática del sistema nervioso. En el cuerpo se producen algunos cambios fisiológicos asociados a la consecución de estos diferentes niveles de evolución. Tales modificaciones pueden producirse lentamente, a lo largo de un período de años, y pasar desapercibidos, o pueden ocurrir de repente. Algunos de los síntomas que resultan de estos cambios pueden ser muy leves y otros muy fuertes, dependiendo de la cantidad de estrés acumulado en el cuerpo. Tal vez la idea de "estrés acumulado en el cuerpo" suene extraña, pero cada vez hay más pruebas que demuestran que el estrés emocional deja huellas en el cuerpo físico, igual que la música se graba en un disco de fonógrafo. Sabemos muy bien que las personas, o incluso los animales, pueden desarrollar hipertensión arterial y, a la larga, infartos de miocardio debido al estrés emocional. Otros, con altos niveles de ansiedad y frustración, pueden desarrollar úlceras estomacales u otras dolencias. Toda una serie de síntomas físicos pueden atribuirse al estrés psicológico. En otras palabras, las enfermedades psicosomáticas son un índice de la cantidad de estrés que hay en el organismo.

En su libro *La tensión en la vida**, Hans Selye describe estos procesos a profundidad. Cuando un cuerpo está lleno de tensiones, el sistema nervioso se encuentra tan ocupado manejándolas que su potencial para alcanzar estados superiores de consciencia es muy limitado. En otras palabras, hay demasiada agitación o, en términos técnicos, demasiado "ruido" en el sistema, lo que impide que el sistema nervioso se eleve a un nivel superior.

Todas las escuelas de meditación, por lo tanto, hacen hincapié en la importancia de "calmar el cuerpo". Pero es un hecho que las tensiones en el sistema son en realidad patrones de energía, y tienen que ser convertidas y eliminadas del cuerpo. Una de las formas más comunes con las que se convierte este estrés es mediante el movimiento corporal. No es raro ver que el cuerpo de las personas ejecute diferentes movimientos involuntarios mientras están en meditación, como mover los brazos, la cabeza, sacudir todo el cuerpo, etc. Cuanto mayor es el estrés que se desprende, más fuertes pueden llegar a ser los movimientos. Hay otras maneras en las que estas tensiones pueden salir. Por ejemplo, mediante una liberación directa de

* Selye, Hans. *La tensión en la vida (el estrés).* Buenos Aires: Compañía General Fabril Editora, 1960.

emociones, que puede tomar la forma de depresión, llanto y expresiones emocionales exacerbadas en general. Otras formas pueden manifestarse simplemente como dolor temporal en distintas zonas del cuerpo.

En conjunto, la meditación combinada con ejercicios ligeros de tonificación corporal, como algunas posturas de *hatha* yoga y ejercicios suaves de respiración, puede ser el sistema más eficaz, barato y rápido para eliminar el estrés del cuerpo.

No quiero dar la impresión de que cualquier persona que medite tendrá los síntomas descritos anteriormente. Por el contrario, la gran mayoría de las personas que practican la meditación tienen sensaciones muy placenteras, o incluso dichosas, y los que muestran alguno de los síntomas de estrés acabarán por superarlos a medida que disminuya el nivel de tensión en sus cuerpos. Es cuando empiezan a disfrutar de una sensación de creciente paz y tranquilidad interior, que no se puede conseguir por otros medios.

EL SÍNDROME FISIO-*KUNDALINI*

Hasta este momento, hemos hablado únicamente de la variedad común de liberación del estrés. En este capítulo me gustaría dar a conocer al lector un problema específico, conectado con la evolución acelerada del sistema nervioso. Como se ha mencionado antes, el sistema nervioso humano tiene una tremenda capacidad latente de evolución. Esta evolución puede acelerarse mediante técnicas meditativas, o producirse espontáneamente en un individuo desprevenido. En ambos casos, se desencadena una secuencia de acontecimientos que provocan reacciones corporales y estados psicológicos a veces fuertes e inusuales. Algunas de las personas que meditan pueden sospechar que estas reacciones están relacionadas de algún modo con la meditación. Sin embargo, otras, que desarrollan estos síntomas de forma espontánea, pueden entrar en pánico y buscar consejo médico. (En realidad, es probable que individuos de ambos grupos procuren atención médica). Desafortunadamente, la medicina occidental no está preparada para tratar estos problemas. Es curioso que, a pesar de la intensidad de los síntomas, apenas encuentre patología física.

En la mayoría de los casos leves, los síntomas se descartan por considerarlos psicosomáticos, mientras que en los casos graves se realizan pruebas radiológicas drásticas o se intenta una cirugía exploratoria.

La secuencia de síntomas corporales suele comenzar en el pie izquierdo o sus dedos, ya sea como un leve estímulo de hormigueo o como calambres. Luego, el estímulo continúa ascendiendo por la pierna izquierda hasta la cadera. En casos extremos se produce una parálisis del pie y de toda la pierna. Puede producirse pérdida de sensibilidad en grandes zonas de la piel de la pierna. Desde la cadera, el estímulo sube por la columna vertebral hasta la cabeza. A veces pueden aparecer fuertes dolores de cabeza (parecidos a una presión). En caso de presiones prolongadas y graves en la cabeza, es posible que se desarrolle una degeneración del nervio óptico, con los consiguientes trastornos visuales. También podría ocurrir pérdida de memoria y desorientación general.

Los síntomas psicológicos tienden a parecerse a los de la esquizofrenia. Es muy probable, por lo tanto, que a quienes presentan estos síntomas se les diagnostique como esquizofrénicos y se les recluya o reciban un tratamiento muy drástico e injustificado. Resulta irónico que personas en las que los procesos evolutivos de la Naturaleza han comenzado a operar más rápidamente, y que pueden considerarse mutantes adelantados de la raza humana, sean recluidas como subnormales por sus compañeros "normales". Me atrevo a suponer, basándome en conversaciones con mis amigos psiquiatras, que este proceso no es tan exótico y raro como a uno le gustaría creer, y que posiblemente entre 25 y 30 por ciento de todos los esquizofrénicos recluidos pertenecen a esta categoría, un tremendo desperdicio de potencial humano. Tengo la esperanza de que, a medida que el material aquí presentado llegue gradualmente a los médicos y psicoterapeutas de mentalidad más abierta, y a medida que el síndrome descrito se conozca más ampliamente, se desarrollen métodos no traumáticos para tratar estos síntomas; métodos que no detengan, sino que ralenticen y controlen el ritmo al que progresa el proceso evolutivo, lo que permitiría a los "pacientes" desarrollarse a un ritmo seguro y aceptable, y funcionar normalmente en el entorno cotidiano.

¿Qué es esta misteriosa *kundalini*?

Todas las descripciones anteriores hacen que la meditación, o simplemente vivir, parezca un asunto muy peligroso. Cualquiera puede verse afectado de repente por síntomas misteriosos, que la medicina occidental no sabe cómo tratar. Permíteme asegurarte que solo un porcentaje muy pequeño de personas se ve tan afectado, y esto también tiene sus compensaciones. Estos síntomas, después de todo, guardan relación con el desarrollo espiritual. Por lo tanto, sería prudente que buscásemos en la literatura que se ocupa de estos temas y averiguáramos si podemos encontrar descripciones de cosas similares ocurridas en otras culturas y en otras épocas.

Se dice que la *kundalini*, tal como se describe en la literatura del yoga, es una "energía enroscada, como una serpiente, en la base de la columna vertebral". Cuando esta energía se "despierta", penetra en la columna vertebral, asciende a lo largo de ella y es vista o percibida como una serpiente luminosa por la persona que tiene la experiencia. Una vez que ha subido hasta la cabeza, es de esperar que la vara luminosa atraviese su parte superior; es decir, el haz de energía en forma de vara se ve como si se proyectara a través del cráneo, apuntando hacia arriba. Cuando esto ocurre, se dice que la persona está "iluminada". Con el tiempo, la persona puede llegar a ser muy intuitiva y desarrollar algunos poderes psíquicos, como la clarividencia, la clariaudiencia o habilidades curativas. Que los desarrolle o no depende de muchos factores. Sin embargo, a veces la iluminación tarda en llegar y lo único que generan los esfuerzos del individuo es un gran dolor de cabeza que puede durar años.

Los libros de yoga también muestran varios puntos en el cuerpo, siete en total. Son los denominados **chakras** o centros de energía. Estos centros deben ser "vivificados" o energizados por la energía *kundalini* ascendente. Cuando esto sucede, los centros se convierten en receptores y distribuidores de la energía cósmica entrante. Estos **chakras** están situados cerca de los principales plexos nerviosos, y coinciden más o menos con las glándulas de nuestro sistema endocrino. Cuando estos centros están energizados afectan las glándulas endocrinas y, a través de ellas, nuestro comportamiento y funcionamiento físico. Todo esto no tiene sentido alguno desde el punto de vista de la fisiología o la medicina occidentales. Sin embargo, el problema con la *kundalini* que acabamos de describir es que funciona, nos guste o no. Y los síntomas que tienen los occidentales se corresponden con los síntomas inducidos por la exótica e increíble *kundalini*.

En cierto modo, esta situación es similar a la de la acupuntura. La acupuntura exótica ha demostrado su eficacia en los países occidentales; funciona, aunque la ciencia occidental sigue sin saber **cómo**. La culpa, naturalmente, no es de la acupuntura, sino de nuestros modelos de realidad. En otras palabras, somos incapaces de contemplar este sistema de una forma que tenga sentido para nosotros, porque nuestro ángulo de visión es demasiado estrecho. Por lo tanto, lo que necesitamos urgentemente son modelos que nos permitan ver este funcionamiento "extraño" de la *kundalini* (y de la acupuntura) en términos que tengan sentido para nosotros. Esto es lo que intentaré hacer en las páginas que siguen.

Síndrome progresivo de la corteza sensoriomotriz

Este largo título se utiliza para describir el síndrome que parece corresponder bien a las experiencias observadas en personas que han sufrido la secuencia de síntomas descrita anteriormente, con lo que ubica así a la *kundalini* esotérica en términos de fisiología occidental.

Al tener formación en ingeniería biomédica, he intentado medir los cambios inducidos por los estados alterados de consciencia en los estados fisiológicos del cuerpo.

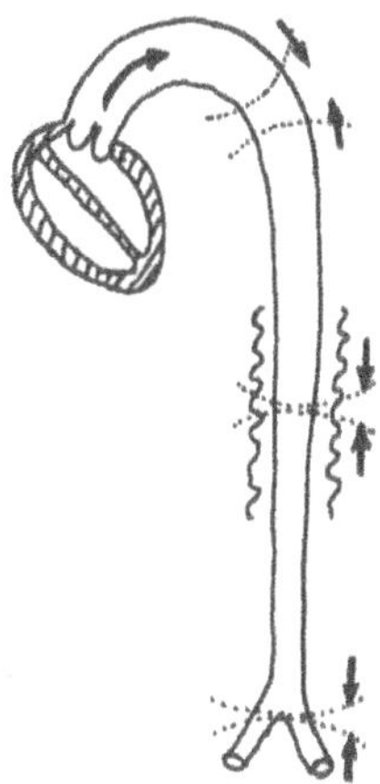

Los resultados de algunas de estas mediciones se han dado en los capítulos 1 y 2, en los que se muestra cómo el sistema corazón-aorta entra en resonancia, y cómo obliga al cuerpo a moverse en un desplazamiento rítmico y armónico. Una descripción bastante técnica del modelo fisiológico, desarrollado por mí para explicar el mecanismo de la *kundalini*, aparece en un libro de Lee Sannella, M.D., titulado *Kundalini–Psychosis or Transcendence**.

Una vez más, tengo que repetir mi advertencia: un modelo es solo un modelo y describe únicamente la parte mecánico-fisiológica del "síndrome" *kundalini*. La *kundalini* es un concepto mucho más amplio, en el que entran en juego fuerzas planetarias y espirituales. Sin embargo, incluso este modelo limitado, como se muestra en mi artículo, ya es una herramienta útil, porque pone a disposición de la profesión médica un concepto razonable y funcional de un síndrome que hasta ahora no se había descrito en absoluto.

* Henry S. Dakin, Publ., 3101 Washington St., San Francisco, Cal. 94115, 1976.

El modelo describe la secuencia de síntomas que permite al médico que hace la entrevista comparar los síntomas descritos por el paciente. Si el patrón anterior de síntomas se ajusta al modelo, los síntomas futuros son bastante predecibles. El artículo del libro de Sannella es solo un informe preliminar. Queda mucho por hacer para confirmar algunas de las hipótesis que se plantean en el estudio.

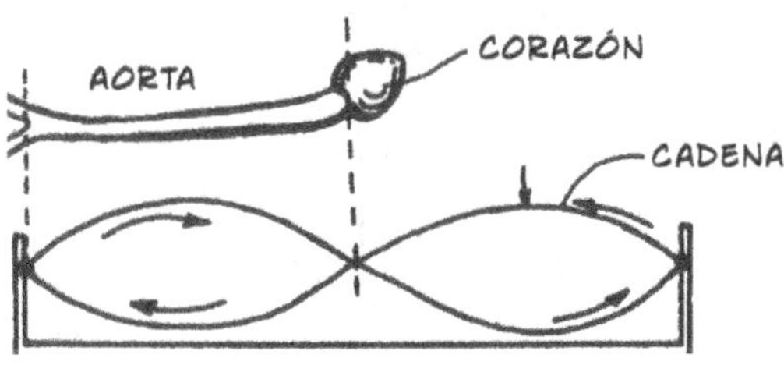

Kundalini: el mecanismo definitivo de liberación del estrés

Este modelo, que podemos denominar "fisio-*kundalini*", ya que solo se ocupa de la parte fisiológica de la *kundalini*, la describe como un estímulo que se propaga a lo largo de la corteza sensorial de los dos hemisferios cerebrales, partiendo del fondo de la hendidura que hay entre ambos. La disposición de los puntos de la corteza sensorial o motriz corresponde a puntos del cuerpo, de modo que cuando se estimula eléctrica o mecánicamente un punto de la corteza que representa, por ejemplo, la rodilla, la persona siente el estímulo en esa parte del cuerpo. La rodilla (en este caso) no tiene forma de saber que el estímulo se debe a la estimulación artificial del cerebro.

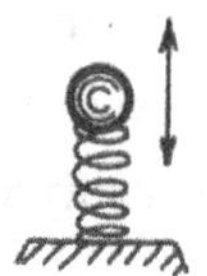

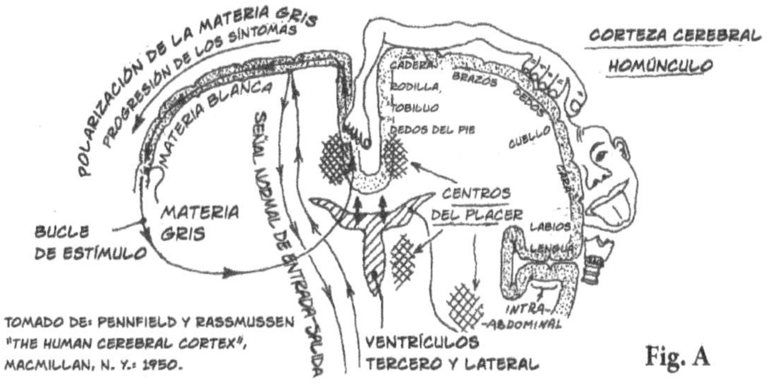

Fig. A

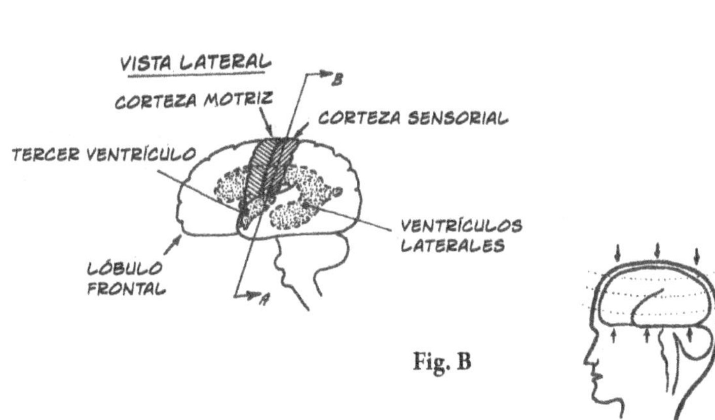

Fig. B

Esta secuencia de puntos de la corteza se denomina "homúnculo" u "hombrecillo", ya que si se dibujan las partes del cuerpo a las que están conectados los puntos de la corteza, se obtiene una forma humana distorsionada (Fig. A). Tanto la corteza sensorial como la corteza motriz, tienen, aproximadamente, la misma disposición de estos puntos.

Trato de mostrar que la disposición de los puntos, tanto en la corteza sensorial como en la motriz, se corresponde estrechamente con el camino que sigue la *kundalini* en el cuerpo. Este camino se describe en la literatura esotérica (véase el apéndice Referencias bibliográficas 1–4). Al final de este capítulo se exponen tres casos reales recientes.

Para que un estímulo de este tipo se desplace por la corteza se postula la existencia de ondas estacionarias acústicas en los ventrículos cerebrales. Estas ondas estacionarias son desencadenadas por los ruidos cardíacos y provocan vibraciones en las paredes de los ventrículos. Los ventrículos son cavidades del cerebro llenas de líquido. La figura B muestra la posición del tercer ventrículo y de los ventrículos laterales (áreas punteadas), así como las tiras de tejido (sombreadas), que constituyen las cortezas sensorial y motriz del cerebro. La figura A representa una sección transversal del cerebro a lo largo de la línea A–B de la figura B. Las vibraciones que surgen en los ventrículos conducen a la materia gris de la corteza, que recubre la fisura entre los dos hemisferios (Fig. A). Estas vibraciones estimularán y finalmente "polarizarán" la corteza, de tal forma que tenderá a conducir una señal a lo largo del homúnculo, empezando por los dedos de los pies y hacia arriba. Esto se muestra en la figura A mediante una línea de flechas que forman un bucle cerrado. Este comportamiento contrasta con la forma en que el cerebro maneja normalmente una señal, lo cual se muestra mediante las dos líneas, una ascendente hacia él y otra descendente. La señal normal se dirige a la corteza, en ángulo recto con ella.

Los estados de dicha descritos por aquellos cuyos síntomas de la *kundalini* han completado el bucle completo a lo largo de los hemisferios y pueden explicarse como una autoestimulación de los centros de placer en el cerebro, causada por la circulación de una "corriente" a lo largo de la corteza sensorial. La figura A muestra los centros de placer situados en la trayectoria del bucle de "corriente" en ambos hemisferios, justo debajo de los dedos del homúnculo. Cuando el movimiento corporal se desarrolla debido a la acción de la "corriente" de estímulo circulante, debemos suponer que existe una "diafonía" entre la corteza sensorial y su vecina, la corteza motriz (Fig. B).

Que la mayoría de los síntomas descritos comiencen en el lado izquierdo del cuerpo significa que se trata sobre todo de un desarrollo que se produce en el hemisferio derecho. Esto es lógico, porque todo el tiempo utilizamos nuestro hemisferio izquierdo, que es razonador, racional, lógico y de pensamiento lineal, mientras que la meditación tiende a estimular el hemisferio derecho, que es no verbal, intuitivo y sensible.

Mi modelo también sugiere que los casos espontáneos de la *kundalini* pueden atribuirse, entre otras cosas, a la exposición periódica a determinadas vibraciones mecánicas o acústicas de nuestro entorno normal, que provocarían la aparición de la secuencia de síntomas. Esto se ha demostrado mediante una técnica de biorretroalimentación que utiliza un campo magnético que pulsa alrededor de la cabeza. Cuando las personas están expuestas a frecuencias de unos 4 o 7 Hz durante períodos prolongados de tiempo, como puede ocurrir simplemente por viajar repetidamente en un auto cuya combinación de suspensión y asiento produce ese rango de vibración, o por estar expuestos durante largos lapsos a estas frecuencias causadas, por ejemplo, por un conducto de aire acondicionado, el efecto acumulativo de estas vibraciones puede desencadenar una secuencia fisio-*kundalini* espontánea en personas susceptibles que tengan un sistema nervioso particularmente sensible.

Me gustaría subrayar que cuando una persona está sana, relajada y, en general, libre de estrés psicológico, estos síntomas pasan desapercibidos. Solo cuando la *kundalini*, al desplegarse, alcanza áreas de estrés en el cuerpo, los síntomas se vuelven molestos. Estos persistirán hasta que se liberen las tensiones en esa área concreta del cuerpo. En ese momento suelen aparecer dolores localizados. Cuando esto ocurre, la *kundalini* avanza hasta alcanzar el siguiente punto de tensión en su camino. La gravedad de los síntomas es siempre proporcional al grado de estrés encontrado. Cuando la *kundalini* ha seguido su curso, el cuerpo está básicamente libre de tensiones profundas y, puesto que el cuerpo se refleja en la corteza, podemos decir que el cerebro también está liberado de tensiones. Así pues, la *kundalini* es un gran sistema de alivio del estrés. No permitirá que se sigan acumulando tensiones en el cuerpo. Una vez que el circuito completo funciona sin obstáculos, las tensiones se eliminan del sistema tan rápidamente como se han acumulado, de modo que no es posible la acumulación permanente de estrés.

Es interesante observar que en algunos tipos de epilepsia existe también una secuencia de síntomas, denominada en ocasiones "marcha de la epilepsia". Aquí, la secuencia se produce en sentido contrario a la de la *kundalini*. En un epiléptico, la zona de los labios puede verse afectada en primer lugar, luego la cara; finalmente, los síntomas se extienden por el cuello, pasando por los hombros, los brazos y, finalmente, las piernas. La *kundalini* parece, pues, un antídoto natural contra ciertos tipos de epilepsia. La meditación sería, en consecuencia, un tratamiento razonable para esta enfermedad.

"Mayoría de edad" del sistema nervioso

Cuando la *kundalini* ha completado finalmente su circuito, puede decirse que el sistema nervioso humano alcanza un estado análogo a la pubertad en el cuerpo, en el sentido de que puede empezar a funcionar más plenamente en niveles de consciencia cada vez más elevados. Es decir, el sistema nervioso ha alcanzado el estado de "adulto joven" y puede asumir un papel de mayor responsabilidad.

Después de un tiempo, uno puede encontrar cierta estimulación peculiar alrededor del plexo solar o la zona del ombligo, sobre todo por la noche, cuando se está acostado sobre la espalda, y la sensación será la de la energía que fluye en el cuerpo a través de esas áreas. Uno puede sentir que algunos órganos internos son estimulados por estas energías. Lo que sucede ahora es que el sistema nervioso se ha refinado lo suficiente como para entrar en resonancia con energías externas. Estas pueden ser energías asociadas con las actividades del planeta y del sol. Muchas de las oscilaciones electromagnéticas dentro del campo planetario se producen en frecuencias fisiológicas.

Espero que aún recuerdes lo que se comentó en el capítulo 9 sobre la consciencia rudimentaria del planeta y la consciencia superior, que utiliza como un lugar donde colgar su sombrero, por así decirlo. Una vez que el sistema nervioso de una persona se ha desarrollado hasta este punto, las energías proporcionadas por estas consciencias elevadas comienzan a fluir automáticamente dentro del sistema nervioso del receptor, debido a un estado de resonancia con los seres superiores. Esto provocará una mayor evolución del sistema nervioso y, finalmente, estas consciencias podrán darse a conocer en formas que se ajusten individualmente a las necesidades y capacidades de cada persona. Más tarde se produce un desarrollo del conocimiento que abre perspectivas cada vez más amplias sobre el funcionamiento de la Naturaleza, de modo que la persona empieza a sentir que forma parte, y de hecho es una parte muy activa, de la Naturaleza y del universo. Cuando esto ocurre, se produce naturalmente un gran entusiasmo por los acontecimientos. En este caso, lo mejor para la persona es mantener una actitud calmada y equilibrada ante todo lo que sucede, y no distraerse demasiado por estos eventos. Es importante mantener una rutina diaria. Esto tenderá a contrarrestar los acontecimientos más impactantes que puedan ocurrir dentro o fuera de la meditación.

Todo lo descrito anteriormente puede ocurrirle **espontáneamente** a la gente, es decir, a personas que no meditan. Sin embargo, suele asociarse entonces a un trauma mucho mayor y, con mucha frecuencia, da lugar a la hospitalización de tales individuos. El diagnóstico habitual será esquizofrenia. La razón es que han sido catapultados repentinamente a una situación en la que funcionan en **más de una realidad**. Pueden ver y oír cosas que ocurren en nuestras realidades vecinas, es decir, la realidad astral u otras superiores, porque su "frecuencia de respuesta" se ha ampliado. Sin embargo, como no han tenido la evolución gradual sistemática que proporciona la meditación, no pueden manejar la situación. La avalancha de información puede ser abrumadora, y empiezan a mezclar y confundir dos o tres realidades.

Esta confusión acaba saliendo a la superficie, y la persona así afectada buscará ayuda e intentará compartir sus experiencias con amigos o familiares. Se le aconsejará que busque ayuda médica. El tratamiento, dependiendo de los síntomas, puede incluir sedantes fuertes, electrochoques, o ambos, que pueden dañar irrevocablemente un sistema nervioso altamente sensible. Naturalmente, esto se convierte en una situación lamentable.

En estos **casos espontáneos** de desarrollo, en los que se presentan síntomas corporales graves, como fuertes dolores de cabeza, presión en los ojos u otros síntomas durante un largo período de tiempo, puede producirse un deterioro permanente de la función mental o física.

Sin embargo, **las personas que meditan** presentan síntomas más leves, y es poco probable que interrumpan la meditación a causa de problemas ocasionales. Al haber alcanzado un cierto nivel de desarrollo de su sistema nervioso a través de la práctica continua, se dan cuenta de que se trata de obstáculos temporales en el camino, hasta que se logra una purificación total del estrés del sistema nervioso.

Está claro que para manejar los problemas que acabamos de comentar, los tratamientos médicos disponibles no pueden ser de gran ayuda. Los tratamientos médicos normales no pueden aliviar estos problemas, y si lo hacen, será a un gran costo para el paciente, en términos de su evolución espiritual. Espero que en el futuro surjan centros médicos capaces de tratar adecuadamente estos problemas. Los comienzos ya son visibles. Actualmente, en fase conceptual, están los denominados "centros médicos holísticos"*, que contarán con médicos y psicoterapeutas que hayan experimentado por sí mismos los síntomas descritos anteriormente o hayan sido formados para comprenderlos y, por lo tanto, sabrán cómo tratar a sus pacientes con el cuidado suficiente para no destruir sus logros en lo que respecta a la puesta a punto de su sistema nervioso. A medida que más y más médicos adopten la meditación, es inevitable que un buen porcentaje de ellos se sienta atraído a hacer precisamente este tipo de trabajo. Los sanadores psíquicos naturales, que entienden estos procesos, deberían tener un lugar en esos centros médicos holísticos, al igual que los quiroprácticos, osteópatas, acupuntores, etc., personas que entienden el flujo de energías a través del cuerpo.

Estos centros médicos holísticos podrán ocuparse no solo de los aspectos médicos de una situación de salud, sino también de su componente espiritual.

Los aspectos psicológicos del desarrollo acelerado del sistema nervioso han sido muy bien descritos por Roberto Assagioli, psiquiatra italiano y fundador del movimiento en psiquiatría "Psicosíntesis". Este movimiento forma parte de una tendencia dentro de la psiquiatría y la psicoterapia a reconocer la

* Holístico significa tratar al ser humano en su totalidad.

espiritualidad esencial del hombre, y a desarrollar nuevos métodos para tratar los problemas que surgen debido a un desarrollo acelerado del sistema nervioso y los correlatos espirituales que le acompañan.

Lo que sigue es una cita del libro *Psicosíntesis*, de Assagioli:

> En el siguiente análisis de las vicisitudes e incidentes que ocurren durante el proceso de desarrollo espiritual, consideraremos tanto las etapas sucesivas de la autorrealización como el logro de la autorrealización plena.
>
> El desarrollo espiritual del hombre es un largo y arduo viaje, una aventura a través de tierras extrañas llenas de sorpresas, dificultades e incluso peligros. Implica una transmutación drástica de los elementos "normales" de la personalidad, un despertar de potencialidades hasta entonces dormidas, una elevación de la consciencia a nuevas esferas y un funcionamiento a lo largo de una nueva dimensión interior.
>
> Por lo tanto, no debe sorprendernos que un cambio tan grande, una transformación tan fundamental, esté marcado por varios estados críticos, que no pocas veces van acompañados de diversos trastornos nerviosos, emocionales y mentales. Estos pueden presentar, según la observación clínica objetiva del terapeuta, **los mismos síntomas que los debidos a causas más habituales**, pero en realidad tienen un significado y una función muy distintos, por lo que necesitan un tratamiento muy diferente.
>
> La incidencia de trastornos de origen espiritual está aumentando rápidamente en la actualidad, en consonancia con el creciente número de personas que, consciente o inconscientemente, buscan a tientas una vida más plena. Además, el mayor desarrollo y complejidad de la personalidad del hombre moderno y su mente más crítica han hecho del desarrollo espiritual un proceso más difícil y complicado.

Se trata de una combinación de terapia psicológica y física que aliviará los problemas que hemos comentado anteriormente.

La gráfica 1 muestra 10 casos documentados del síndrome fisio-*kundalini*. La secuencia de los síntomas se muestra en la figura C. A medida que el estímulo asciende por la columna vertebral hasta un punto situado frente a cada chakra frontal, se remitirá hacia adelante para estimular los chakras que corresponden a los plexos nerviosos principales, situados en la pelvis, el plexo solar, el corazón, la garganta y la cabeza. Al parecer, la finalidad de este síndrome es unir los sistemas nerviosos cerebroespinal y autónomo, permitiendo así un posible control de las funciones autónomas, como la respiración, la función cardíaca, el flujo sanguíneo, etc., a través del sistema cerebroespinal. De hecho, esto se ha demostrado en estudios realizados con yoguis que podían controlar fácilmente funciones corporales que en Occidente se creían imposibles de dominar, por ejemplo, los latidos del corazón, la circulación sanguínea superficial, etc. (Ref. 8).

Esta es la próxima etapa en la evolución de nuestro sistema nervioso, y es una correlación necesaria del desarrollo espiritual, hacia el cual toda la humanidad se está moviendo.

⑦ PARTE SUPERIOR DE LA CABEZA (CORONA)
CHAKRAS
⑥ FRENTE
⑤ GARGANTA
④ CORAZÓN
③ PLEXO SOLAR
② OMBLIGO, PELVIS
TRAYECTORIA NORMAL DE CIRCULACIÓN DESPUÉS DE QUE TODO EL CIRCUITO SE HA COMPLETADO
INICIO
ESTACIONES EN LA COLUMNA QUE REFIEREN ESTÍMULOS HACIA ADELANTE
⑤
④
③
②
①
CHAKRA RAÍZ EN LA BASE DE LA COLUMNA, ASIENTO DE LA KUNDALINI
TRAYECTORIA DE LOS ESTÍMULOS INICIALES

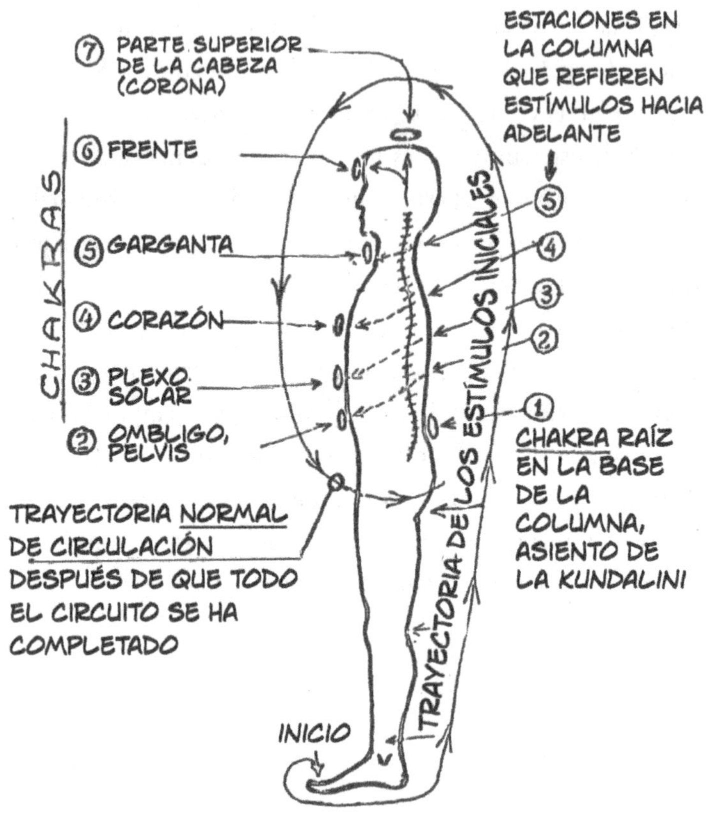

Fig. C

TRES CASOS DOCUMENTADOS DE *KUNDALINI*

Artista: F, 48 años

Comenzó a practicar la meditación trascendental y, al cabo de unos cinco años, empezó a experimentar hormigueos ocasionales en los brazos y calor en las manos. No durmió durante días, con la energía recorriéndole todo el cuerpo, y tuvo varios "sueños" en los que su consciencia se separaba de su cuerpo. Un sonido fuerte y continuo había aparecido dentro de su cabeza. Pronto sintió calambres en los dedos pulgares de los pies, seguidos de sensaciones vibratorias en las piernas. De la noche a la mañana, las uñas del dedo pulgar se oscurecieron como si las hubiera golpeado un martillo, y acabaron separándose parcialmente de la carne. Los tejidos de las piernas se sintieron "desgarrados" por sensaciones vibratorias. Las vibraciones se extendieron a la parte baja de la espalda y recorrieron todo su cuerpo, desde la parte baja hasta la cabeza, generando una sensación como si tuviera una banda alrededor de la cabeza, justo por encima de las cejas. A continuación, la cabeza empezó a moverse espontáneamente. Después, su cuerpo se movía con sinuosidad y su lengua presionaba el paladar. Entonces sintió allí un fuerte sonido de "om". El hormigueo se extendió por la nuca y la cabeza, y por encima de ella hasta la frente y la cara. Ambas fosas nasales se estimularon, provocando una sensación de alargamiento de la nariz. A continuación, el hormigueo se extendió por la cara. A veces, sus ojos daban la impresión de moverse por separado, y las pupilas parecían agujeros que se le clavaban en la cabeza y se encontraban en el centro. Entonces sintió una tremenda presión en la cabeza y una luz brillante, seguida de dicha y risas. El hormigueo se extendió hasta el labio superior, la barbilla y la boca. Más o menos en esa época, tuvo sueños de música celestial. Luego, las sensaciones se extendieron a la garganta, el pecho y el abdomen, y finalmente sintió como si se cerrara el circuito en forma de huevo, que subía por la columna vertebral y bajaba por la parte delantera del cuerpo. A medida que se desarrollaba, el circuito activaba chakras particulares en su camino, empezando por el bajo vientre, luego el ombligo, el plexo solar, el corazón y después los centros de la cabeza. El último en activarse fue el de la garganta. Después tuvo una sensación continua de energía que entraba en el cuerpo a través de la zona del ombligo. Esta sensación cesó una vez completado el "circuito". Toda la experiencia tenía fuertes connotaciones sexuales. La mayor parte de esta actividad se produjo a lo largo de varios meses. En los últimos dos años solo ha habido actividad ocasional, sobre todo durante la meditación o cuando está relajada en la cama.

Durante las experiencias hubo una respiración yóguica espontánea (débil y controlada). Finalmente, se desarrollaron presiones en la cabeza, que se centraban en la parte posterior de la cabeza, la zona superior y la frente. Afectaban a los ojos, y la visión se había deteriorado. Las presiones se volvían especialmente graves durante la lectura, lo que afectaba los ojos y provocaba una sensación de pulsaciones en la parte superior de la cabeza.

El fuerte sonido en el interior de la cabeza había acabado por desaparecer. A lo largo de la experiencia comprendió que estaba experimentando el ascenso de la *kundalini*, porque había leído sobre ello antes. Por lo tanto, se sintió relajada y dejó que las cosas sucedieran. Sin embargo, la situación evolucionó hacia una desorientación emocional y una dificultad para integrar estas experiencias en las actividades cotidianas.

Como la afluencia de energía le impidió dormir con normalidad durante meses y continuó también a lo largo del día, se volvió ineficaz en el trabajo y se sintió como si estuviera completamente desvinculada y fuera testigo de sus propias actividades. Finalmente, logró controlar la situación. El efecto general fue una mayor estabilidad emocional y la eliminación de tensiones, junto con una percepción intuitiva enormemente mejorada.

Científico: M, 53 años

Comenzó la meditación trascendental y en cinco años empezó a tener movimientos corporales bruscos y espasmódicos durante sus prácticas y por la noche, en la cama. Al cabo de unas semanas, estos disminuyeron. Meses después, al acostarse, sintió un hormigueo en la parte inferior de las piernas, seguido de calambres en los dedos pulgares de los pies. Los calambres se extendieron a otros músculos y desaparecieron gradualmente. El hormigueo se extendió a la parte baja de la espalda, donde "vio" una luz rojiza. La luz se convirtió en una vara, que sintió y vio cómo subía por la columna vertebral. Luego se extendió hacia la zona umbilical, con muchas sensaciones de hormigueo y vibración. Paso a paso, avanzó por la columna vertebral hasta el nivel de su corazón, y luego se extendió hacia adelante para estimular el plexo cardíaco antes de continuar hacia arriba. Cuando llegó a la cabeza, "vio" un torrente de luz blanca, como si su cráneo estuviera iluminado desde dentro. Luego, la luz pareció brotar de la parte superior de su cabeza, como un haz sólido. Algún tiempo después, sintió una vibración en la muñeca y el brazo derechos, y también en la pierna izquierda. En cuanto les prestó atención, estas sensaciones desaparecieron. A continuación, sintió corrientes que le recorrían los hombros y los brazos en forma de "oleadas" que se producían a una frecuencia de tres o cuatro por segundo, y que más tarde aumentaron a siete o más por segundo. En un momento dado, cuando se concentró en el centro de la cabeza, le sobrevinieron espasmos y convulsiones violentas e incontrolables.

En varios momentos de esta actividad percibió sonidos en la cabeza, sobre todo silbidos agudos y siseos. Otras veces escuchaba tonos musicales parecidos a los de una flauta. Con mucha frecuencia tenía sensaciones de paz y dicha.

Su sueño empezó a verse perturbado por movimientos corporales "automáticos". A veces, al despertarse, se encontraba realizando respiraciones yóguicas espontáneas y adoptando diversas posturas de *hatha* yoga. Tras varias noches así, el hormigueo se extendió a la frente, las fosas nasales, las mejillas, la boca y la barbilla. Durante este proceso tuvo muchas sensaciones de éxtasis y estimulación sexual, cuando la actividad se centraba en la zona pélvica. Luego, todo esto cesaba y volvía esporádicamente cuando se relajaba por la noche en la cama. Podía hacer que todo se interrumpiera con solo ponerse de lado.

Alrededor de un año más tarde, cierta noche se le desarrolló una presión en la cabeza que empezó a desplazarse hacia abajo. Simultáneamente, una sensación de hormigueo comenzó a subir desde el estómago. "Vio" que todo esto le ocurría como desde lejos. Los dos estímulos se encontraron en la garganta. Tuvo la sensación de que se le abría un agujero en la garganta, en el punto en que se encontraban. De este "agujero" salía todo tipo de sonidos puramente espontáneos. Unos seis meses más tarde, el estímulo bajó de la garganta al abdomen, donde permaneció durante unos meses. Luego se desplazó más abajo, a la pelvis.

Este científico tenía un sistema nervioso intrínsecamente sensible, pero al ser consciente de que estaba atravesando el ascenso de la *kundalini* y dado su conocimiento de lo que podía esperar, junto con el efecto estabilizador de una disciplina meditativa, logró ser menos susceptible a los aspectos desorganizadores de la *kundalini*. Se dio cuenta de que las dificultades que tenía eran el resultado de una práctica meditativa excesiva, por lo que no desarrolló ansiedad alguna durante el proceso.

Artista: F, 53 años

Durante años ha practicado *hatha* yoga como ejercicio, pero nunca ha realizado meditación. Hace trece años desarrolló un dolor en la zona lumbar, con pie caído y parálisis parcial de la pierna izquierda, por lo que fue sometida a tracción durante algunas semanas. La parálisis duró varios meses, mientras que el dedo del pie izquierdo también estaba anestesiado. Tenía una sensación como de hormigas arrastrándose por la piel de la pierna, con calambres y hormigueos en la parte exterior y posterior de la pierna hasta la parte posterior de la rodilla, el muslo y la cadera. Estas afecciones se presentaban de forma intermitente durante largos períodos de tiempo. En dos ocasiones experimentó un ennegrecimiento de la uña del dedo pulgar del pie, que duró algún tiempo. El dolor de espalda se diagnosticó como ciática y osteoporosis. La función de las piernas fue recuperándose gradualmente a lo largo de los años.

En los últimos tres o cuatro años ha experimentado dolor en la cadera izquierda, normalmente en verano. (Las radiografías no muestra anormalidades). Desde hace dos años presenta debilidad y pesadez en la mano izquierda, acompañadas por un dolor apagado.

Cuando tuvo que dar una charla importante, desarrolló ansiedad y un fuerte dolor entre los omóplatos. Entonces no pudo hablar ni moverse, y apenas tuvo capacidad de respirar. El dolor disminuyó gradualmente, pero volvió varias veces desde entonces. Las radiografías mostraron espondilosis.

Durante muchos años, desde la infancia, tuvo calambres y hormigueo en las piernas, migraña con escotoma centelleante, náuseas y dolores en el lado izquierdo de la cabeza.

A lo largo del último año o más, desarrolló pérdida de visión cromática y alteraciones visuales en el ojo izquierdo. Su tensión intraocular es normal. El diagnóstico: es degeneración progresiva del nervio óptico, debido a una "masa" (no especificada) ubicada en la parte posterior de la órbita ocular. Su madre tenía glaucoma.

Recientemente, se le ha aconsejado usar cortisona para un trastorno tiroideo, también peor en el lado izquierdo. Tiene ojos saltones y atrofia óptica. Hace poco, tomó yodo radiactivo con fines diagnósticos, y veinticuatro horas después vio casi con claridad durante veinte minutos.

Durante su embarazo, su sensibilidad de vista, gusto y olfato estuvo muy aumentada.

En la entrevista con esta persona quedó claro que tiene un sistema nervioso altamente desarrollado. Era consciente de la actividad de su chakra de la cabeza —"la parte superior de mi cabeza estaba abierta todo el tiempo"—, aunque no comprendía su significado. Desde niña fue consciente de las realidades superiores, pero no creía que hubiera nada inusual en eso, y suponía que todo el mundo veía lo mismo que ella, "solo que no hablaban al respecto". De niña, sus padres le decían: "Baja de los cielos, quédate en la Tierra".

La práctica del *hatha* yoga durante muchos años ha estimulado y acelerado la actividad de los chakras y es probablemente responsable del ascenso de la *kundalini*. Los resultados de una *kundalini* espontánea se muestran claramente en su historial médico. Los síntomas comenzaron en el dedo del pie izquierdo, subiendo por la pierna hasta la pelvis, con la consiguiente parálisis de ese miembro, subiendo por la columna vertebral hasta el cuello (tiroides) y la cabeza. La presión en la cabeza, desarrollada debido a la *kundalini*, provocó una degeneración del nervio óptico.

TABLA 1. SÍNTOMAS DE LA FISIO-*KUNDALINI*

SUJETO				SÍNTOMAS FISIOLÓGICOS (ORDEN DE MANIFESTACIÓN →)						
Núm.	Edad	Sexo	Años de meditación	Dedos de pies	Pies	Pierna	Pelvis	Columna	Cuello	Cabeza
1	53	F	no	+	+	+++	+++	++	+	+++
2	48	F	sí 9	++	+	++	+	+	+	+++
3	29	F	sí 4			+	+	+	+	+++
4	52	M	sí 9	+	+	+	+	+	+	+
5	41	F	sí 8		+		+	+	+	+
6	50	M	sí 9			+	+	+	+	+
7	27	M	sí 2					+	+	+
8	37	M	sí 4		+	+	+	+	+	+
9	28	F	sí 3	+	+++	+++	+++	+		
10	29	F	sí 1	+	+++	+++	+++	+		

OBSERVACIONES
1: Desarrollo espontáneo, síntomas severos, parálisis de la pierna, deterioro visual.
9: Parálisis de la pierna, pie caído.
10: Parálisis de la pierna, pie caído.

Grado de severidad de los síntomas

Leve	Medio	Severo
+	++	+++

SÍNTOMAS PSICOLÓGICOS

Ojos	Rostro	Garganta	Abdomen	Dolores de cabeza	Depresión	Alucinaciones	Sensaciones inusuales	Distorsiones visuales	Ansiedad	Estados de dicha
++	+++			+++	+++				++	
+++	+	+	+	+++	+++		+	+	+	+
	++	+	+	+++	+++		+		++	
	+	+	+				+			++
	+			++	+	+	++		+++	++
	+	+								+
	+		+	+		+	+		+	
	+	+	+	+++			+		+	
					+		+		++	
					+++		+		+++	

BIBLIOGRAFÍA DEL APÉNDICE

1. Leadbeater. *Los chakras*. Málaga: Editorial Sirio, 2001.
2. Krishna, Gopi. *Kundalini: el yoga de la energía*. Barcelona: Kairós, 1988.
3. _____. *The Awakening of Kundalini*. Nueva York: E. P. Dutton, 1975.
4. Rele, Vasant, G. *The Mysterious Kundalini*. Fort, Bombay D. V. Taraporevala Sons & Co., Ltd.
5. Assagioli, Roberto. *Psicosíntesis: ser transpersonal*. Madrid: Gaia Ediciones, 2010.
6. Sannella, Lee, M.D. *Kundalini-Psychosis or Transcendence*. San Francisco: Henry S. Dakin, 1976.
7. *A Demonstration of Voluntary Control of Bleeding and Pain*. Research Department, The Meninger Foundation, Topeka Kansas.
8. Rama, Swami. *Voluntary Control Project*. Research Department, The Meninger Foundation, Topeka, Kansas.